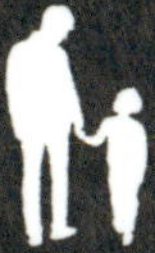

100일간의 동행

말씀과 **예화**의 감동으로

당신의 기도의 날들을 풍성함으로 채우시는
주님의 은혜를 경험하시길 바랍니다.

100일간의 동행

말씀과 **예화**의 감동으로

당신의 기도의 날들을 풍성함으로 채우시는
주님의 은혜를 경험하시길 바랍니다.

하나님의 풍향계

찰스 스펄전 목사님이 어떤 농가에 갔다. 거기에는 바람의 방향을 알려주는 풍향계가 있었다. 그런데 그 풍향계의 끝에는 '하나님은 사랑이시다'라는 표가 붙어 있었다. 그래서 목사님은 그 집 주인인 농부에게 물었다.
"이것은 하나님의 사랑이 풍향계처럼 변한다는 뜻입니까?"
그랬더니 그 농부가 하는 말이 "그런 말이 아니고 바람이 어떤 방향을 가리키든지 간에 하나님은 여전히 사랑이라는 뜻입니다."라고 대답했다고 한다.
그렇다. 하나님의 사랑은 바람에 의해서 바뀌지 않는 것이다. 환난이나 고난의 바람에 의해서도 하나님의 사랑은 절대로 바뀌지 않는 것이다.

우리 주 예수 그리스도와 우리를 사랑하시고 영원한 위로와 좋은 소망을 은혜로 주신 하나님 우리 아버지께서 너희 마음을 위로하시고 모든 선한 일과 말에 굳건하게 하시기를 원하노라
(살후 2:16–17)

May our Lord Jesus Christ himself and God our Father, who loved us and by his grace gave us eternal encouragement and good hope, encourage your hearts and strengthen you in every good deed and word. (2 Thessalonians 2:16-17)

감동의 예화와 은혜로운 말씀으로

삶의 변화를 통해 꿈을 이루기 원하시는

_____ 님에게

이 책을 드립니다.

역경을 이기고

너대니엘 호손은 어려서 다리를 저는 불구자였다.
그는 밖에 나가 마음대로 놀 수도 없는 몸이었지만
후에 주홍글씨 등을 발표하는 영문학의 대가가 되었다.
또 피아노 음악의 천재인 프레드릭 쇼팽은 평생 약한
몸으로 많은 고초를 겪었던 사람이었다.
그러나 그는 고되고 힘든 작업에 자신을 뜨겁게 헌신하였다.
그리하여 그는 40세가 되기 전에 일찍 세상을 떠나긴
했지만 음악 역사에 빛나는 거성이 될 수 있었다.
이들은 모두 자신의 고난에 감사로 분발했던 사람들이다.

내가 환난 중에서 여호와께 아뢰며 나의 하나님께 아뢰었더니 그가 그의 성전에서 내 소리를 들으심이여 나의 부르짖음이 그의 귀에 들렸도다 (삼하 22:7)

In my distress I called to the Lord; I called out to my God. From his temple he heard my voice; my cry came to his ears. (2 Samuel 22:7)

가장 성공적인 투자

미국의 실업가로서 체신부장관을 지낸 존 워너메이커는 '백화점 왕'으로 불린다. 그는 미래를 예측하는 탁월한 판단력과 정확한 경영능력의 소유자였다. 그가 투자해 구입한 물건들은 엄청난 이윤을 남겼다. 어느 날 한 신문기자가 그에게 물었다.

"선생님께서 지금까지 투자한 것 중에서 가장 성공적인 것은 무엇입니까?" 그는 분명한 어조로 대답했다.

"내가 열두 살 때 최고의 투자를 한 적이 있지요. 그때 나는 2달러 50센트를 주고 성경 한 권을 샀습니다. 이것이 가장 위대한 투자였어요. 왜냐하면 이 성경이 오늘의 나를 만들었으니까요."

01

예수께서 대답하여 이르시되 기록되었으되 사람이 떡으로만 살 것이 아니요 하나님의 입으로부터 나오는 모든 말씀으로 살 것이라 하였느니라 하시니 (마 4:4)

Jesus answered, "It is written: 'Man shall not live on bread alone, but on every word that comes from the mouth of God.'" (Matthew 4:4)

맡은 자에게 구할 것은 충성

최선을 다했지만 기대만큼의 결과를 얻지 못했을 때 대부분의 사람들은 낙심한다.

스코틀랜드에 있는 어떤 목사는 열심히 주님의 일을 하는 사람이었다. 그럼에도 불구하고 일 년 동안 새로 나온 교인이라고는 로버트 모펫이라는 단 한 명의 소년뿐이었다. 교인들은 목사님에게 문제가 있는 게 아니냐고 수군거리기 시작했다. 시간이 지나고 로버트 모펫은 선교사가 되어 아프리카로 떠났고 수많은 영혼을 하나님 앞으로 인도했다.

맡은 자들에게 구할 것은 충성이다.

충성을 다하라.

그리고 결과는 하나님께 맡기라.

너의 행사를 여호와께 맡기라 그리하면 네가 경영하는 것이 이루어지리라 (잠 16:3)

Commit to the Lord whatever you do, and he will establish your plans. (Proverbs 16:3)

플러스 인생

십자가를 끌어 안으면 모든 것이 플러스가 된다.
'좋은 것은 좋아서 좋고, 안 좋은 것은 안 좋아서 좋고, 슬픈 것은 슬퍼서 좋고, 기쁜 것은 기뻐서 좋고, 망한 것은 망해서 좋고, 흥한 것은 흥해서 좋다'라고 할 수 있게 된다.
왜냐하면 종국에 하나님이 다 선하게 만들어 주시기 때문이다.
그러므로 우리는 현재 우리 눈에 보이는 것만을 가지고 부정적인 생각을 해서는 안 된다. 우리가 우리의 삶 속에 십자가를 끌어 안으면 언제나 모든 것을 플러스로 볼 수 있다. 어떠한 환경에서도 예수 그리스도의 십자가를 끌어 안으면 '더하기'로 볼 수 있는 것이다.

02

통치자들과 권세들을 무력화하여 드러내어 구경거리로 삼으시고 십자가로 그들을 이기셨느니라
(골 2:15)

And having disarmed the powers and authorities, he made a public spectacle of them, triumphing over them by the cross. (Colossians 2:15)

게으른 자의 머릿속

톨스토이는 말했다.
"게으른 자의 머릿속은 악마가 집을 짓기에 알맞은 장소"라고.
어떤 게으른 사람이 생활에 민첩성을 보이지 못하고 늘 퇴보하자 그의 아내가 목회자와 상담했다.
목회자는 다음 글을 거울에 붙이게 했고, 그 부부는 효과를 톡톡히 보았다.
"누가 해도 할 일이면 내가 하자.
언제 해도 할 일이면 지금 하자.
지금 할 일이면 더 잘하자.
주께서 도와주신다."

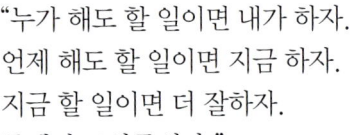

네가 좀더 자자, 좀더 졸자, 손을 모으고 좀더 누워 있자 하니 네 빈궁이 강도 같이 오며 네 곤핍이 군사 같이 이르리라 (잠 24:33-34)

A little sleep, a little slumber, a little folding of the hands to rest - and poverty will come on you like a thief and scarcity like an armed man. (Proverbs 24:33-34)

용기를 주는 말

한 청년이 탄 경비행기가 정글에 추락했다. 수색대는 며칠 동안 숲 속을 뒤졌으나 찾을 수가 없었다. 청년의 아버지는 전단을 만들어 정글에 뿌리기로 결심했다. 그런데 전단에 써 넣을 문구가 떠오르지 않았다. 그때 한 노인이 조언을 해 주었다. "지금 당신의 아들이 가장 두려워하는 것은 고독일 것입니다. 아들에게 부모의 사랑을 확인시켜 주세요." 청년의 아버지는 전단지에 다음과 같은 글을 적었다. "아들아, 우리는 너를 정말 사랑한단다." 청년은 굶주림과 추위, 고독과 절망에 거의 삶을 포기하고 있었으나, 전단에 적힌 아버지의 글을 보는 순간, 삶의 용기가 솟구쳤다.
청년은 며칠 후 수색대에 의해 구출됐다.

03

그가 내게 간구하리니 내가 그에게 응답하리라 그들이 환난 당할 때에 내가 그와 함께 하여 그를 건지고 영화롭게 하리라 (시 91:15)

He will call on me, and I will answer him; I will be with him in trouble, I will deliver him and honor him. (Psalm 91:15)

52년간의 기도

주님의 충실한 종으로 널리 알려진 조지 뮬러는 자신과
매우 친한 친구 다섯 명의 구원을 위해 기도를 시작했다.
5년 후에 한 명이 주를 영접하고 구원을 받았다.
10년 후에 두 명이 구원을 받고 변화된 생활을 했다.
그는 나머지 두 명을 위해 25년을 기도했다.
25년째 되던 해 네 번째 친구가 구원을 받았다.
또 한 친구를 위해 뮬러는 12년을 기도했다.
12년째 되던 해 뮬러는 숨을 거두고 말았다.
그는 숨을 거두기 직전까지 친구를 위해 기도했다.
뮬러가 죽은 지 수개월 후 나머지 한 명도 주를 영접하고
믿음의 생활을 했다.

우리가 너의 승리로 말미암아 개가를 부르며 우리 하나님의 이름으로 우리의 깃발을 세우리니
여호와께서 네 모든 기도를 이루어 주시기를 원하노라 (시 20:5)

May we shout for joy over your victory and lift up our banners in the name of our God. May
the Lord grant all your requests. (Psalm 20:5)

자신의 목표를 이루기 위한 10가지 방법

1. 자신을 중요한 사람으로 만들어라.
2. 남에게 필요한 사람이 되라.
3. 자신이 가치 있는 존재임을 인정하라.
4. 새롭게 사고하고 행동하라.
5. 다른 사람을 인정하고 칭찬을 아끼지 말라.
6. 날마다 변화를 시도하라.
7. 남보다 한 발짝 앞서 가라.
8. 크고 작은 목표의 주인공이 되라.
9. 남보다 뛰어나도록 노력하라.
10. 믿음과 신뢰가 잘 조화되게 하라.

04

여호와께서 너희를 곧 너희와 너희의 자손을 더욱 번창하게 하시기를 원하노라 (시 115:14)

May the Lord cause you to flourish, both you and your children. (Psalm 115:14)

부모 품에 있는 아이

평양신학교 교장이었던 채필근 목사가 어느 날 전차를 탔는데, 그 전차 안에는 젊은 부부가 있었다. 남편은 5세쯤 된 아들을 안은 채 의자에 앉아 있었고, 부인은 2세쯤 된 아이를 업고 줄을 잡고 서 있었다.

그런데 갑자기 전차가 요란한 소리를 내며 멈췄다. 전차가 돌에 치어 앞부분이 탈선했던 것이다. 사람들이 넘어지고 울고 야단인데, 아버지 품에 안기었던 아이는 시끄러운 소리에 놀라서 잠이 깨어 눈을 뜨더니 아버지와 어머니를 한 번씩 쳐다보고는 다시 눈을 감고 잠들었다. 아이의 모습을 본 채필근 목사는 부모를 믿고 안심하는 어린아이의 믿음을 부러워했다.

믿음이 없이는 하나님을 기쁘시게 하지 못하나니 하나님께 나아가는 자는 반드시 그가 계신 것과 또한 그가 자기를 찾는 자들에게 상 주시는 이심을 믿어야 할지니라 (히 11:6)

And without faith it is impossible to please God, because anyone who comes to him must believe that he exists and that he rewards those who earnestly seek him. (Hebrews 11:6)

10분 이상 고민하지 마라

앤드루 매터스는 〈마음 가는 대로 해라〉에서 이렇게 말한다. '새벽에 일어나서 운동을 하고 공부를 하고 사람들을 사귀면서 최대한으로 노력하고 있는데도 인생에서 좋은 일이 전혀 일어나지 않는다고 말하는 사람을 여태껏 본 적이 없다.'
고민이 많다고 해서 한숨 쉬지 마라.
고민은 당신의 영혼을 갉아먹는다.
문제의 핵심을 정확히 파악하고 해결책을 찾아
그대로 실행하라. 해결책이 보이지 않으면 무시하라.
고민을 하나 안 하나 결과는 똑같지 않은가.
그러므로 고민은 10분만 하라.

내가 네게 명령한 것이 아니냐 강하고 담대하라 두려워하지 말며 놀라지 말라 네가 어디로 가든지 네 하나님 여호와가 너와 함께 하느니라 하시니라 (수 1:9)

Have I not commanded you? Be strong and courageous. Do not be afraid; do not be discouraged, for the Lord your God will be with you wherever you go. (Joshua 1:9)

위대한 기도

가장 좋은 기도 응답은 기도를 통하여 더 큰 믿음과 확신을 갖고 용기와 능력이 있는 그리스도인이 되는 것이다.
인생의 절정기에 느닷없이 뇌일혈로 쓰러졌던 니버 목사는 다음과 같은 위대한 기도로 일어섰다.
"오, 하나님, 제가 변화시키지 못할 것은 그대로 받아들이는 평정을 저에게 주십시오, 제가 변화시킬 수 있는 것은 변화시킬 용기를 주십시오, 그리고 이 둘 사이를 구별할 수 있는 지혜를 주옵소서. 아멘!"
우리 모든 그리스도인들은 예수, 그 놀라운 구원의 이름으로 지상에서부터 하늘나라 아버지께로 위대한 기도를 드릴 수 있다.

사랑하는 자들아 너희는 너희의 지극히 거룩한 믿음 위에 자신을 세우며 성령으로 기도하며 하나님의 사랑 안에서 자신을 지키며 영생에 이르도록 우리 주 예수 그리스도의 긍휼을 기다리라 (유 1:20-21)

But you, dear friends, by building yourselves up in your most holy faith and praying in the Holy Spirit, keep yourselves in God's love as you wait for the mercy of our Lord Jesus Christ to bring you to eternal life. (Jude 1:20-21)

유명한 설교가 무디

유명한 설교가 무디는 거듭난 후에 하나님 앞에서 온전히 살기로 서약했지만 늘 실패하곤 했다. 그래서 무디는 산으로 들어가 기도도 하고 부흥회도 좇아 다녔지만 그곳에서 받은 은혜는 한 달이 채 못 갔다. '나는 길가에 뿌려진 씨앗처럼 말씀의 씨가 자라지 못하는 마음인가 보다.' 탄식하며 자신을 혐오했다. 그러던 어느 날 문득 펴 든 로마서 10장 16~17절 말씀으로 깨달음을 얻어 매일 새벽마다 성경을 묵상하게 되었다. 그 후 무디는 세계를 복음으로 흔드는 신앙의 거장이 될 수 있었다. "성경은 내게 피로할 때 침상이 되었고, 어두울 때 등불이 되었네. 일할 때 연장이 되었고, 헛발 디뎌 빠질 때 반석이 되었네."

그러나 그들이 다 복음을 순종하지 아니하였도다 이사야가 이르되 주여 우리가 전한 것을 누가 믿었나이까 하였으니 그러므로 믿음은 들음에서 나며 들음은 그리스도의 말씀으로 말미암았느니라 (롬 10:16-17)

But not all the Israelites accepted the good news. For Isaiah says, "Lord, who has believed our message?" Consequently, faith comes from hearing the message, and the message is heard through the word about Christ. (Romans 10:16-17)

이름에 합당한 삶을 살자

알렉산더 대제 휘하에 알렉산더라는 병사가 있었다.
그 병사는 형편없는 생활을 하면서 알렉산더라는 이름에 먹칠을 하고 다니는 사람이었다.
어느 날 알렉산더 대제는 알렉산더 병사가 있는 막사로 찾아가 다음과 같이 명령을 했다.
"자네 이름이 알렉산더라지? 그렇다면 자네 이름을 바꾸던가 아니면 자네의 생활 태도를 바꾸도록 하게!"
우리에게도 병사와 같은 모습이 있다.
즉, 이름은 그리스도인이지만 행동은 전혀 그리스도인답지 않게 하는 것이다. 당신은 어떻습니까? 자칭 그리스도인은 아니신지요?

이는 우리가 이제부터 어린 아이가 되지 아니하여 사람의 속임수와 간사한 유혹에 빠져 온갖 교훈의 풍조에 밀려 요동하지 않게 하려 함이라 오직 사랑 안에서 참된 것을 하여 범사에 그에게까지 자랄지라 그는 머리니 곧 그리스도라 (엡 4:14-15)

Then we will no longer be infants, tossed back and forth by the waves, and blown here and there by every wind of teaching and by the cunning and craftiness of people in their deceitful scheming. Instead, speaking the truth in love, we will grow to become in every respect the mature body of him who is the head, that is, Christ. (Ephesians 4:14-15)

성경과 정치

죠지 워싱턴은 "성경 없이 어떻게 바른 정치를 할 수 있겠느냐"고 했고, 링컨은 "사람이 훌륭하게 살고 보람 있게 죽으려면 날마다 성경을 양식처럼 먹어야 한다"고 말했다.
헬렌 켈러는 "일이 잘되고 무사할 때도 성경에서 갈 길을 찾아야 하고 상황이 곤란해지고 괴로울 때도 성경에서 갈 길을 구해야 한다"고 말했다.
맥아더 장군은 고백하기를 "나는 아무리 바쁘고 피곤한 밤이라도 침상에 들기 전에 성경을 읽는 일과를 빼본 일은 없다"고 하였다.

복 있는 사람은 악인들의 꾀를 따르지 아니하며 죄인들의 길에 서지 아니하며 오만한 자들의 자리에 앉지 아니하고 오직 여호와의 율법을 즐거워하여 그의 율법을 주야로 묵상하는도다
(시 1:1-2)
Blessed is the one who does not walk in step with the wicked or stand in the way that sinners take or sit in the company of mockers, but whose delight is in the law of the Lord, and who meditates on his law day and night. (Psalm 1:1-2)

칭찬의 힘

어느 택시 회사에 성미가 무척 까다로와서 직장 전체의 분위기를 우울하게 만드는 한 수리공이 있었다.
그러던 어느 날 인사 과장이 그 사람의 해고 문제를 사장에게 정식으로 건의 했다.
그러나 사장은 그 사람이 얼마나 완벽하게 일을 해내고 있는지에 대해 칭찬하면서 그 일을 없었던 것으로 하자고 말했다. 사장의 그 이야기는 머지않아 수리공의 귀에까지 들어가게 되었다. 그리고 놀랍게도 그 사람은 유능하고 유모 있는 사람으로 변하게 되었다.
이처럼 칭찬에는 사람을 변화시키는 힘이 있다.

죽고 사는 것이 혀의 힘에 달렸나니 혀를 쓰기 좋아하는 자는 혀의 열매를 먹으리라 (잠 18:21)

The tongue has the power of life and death, and those who love it will eat its fruit. (Proverbs 18:21)

죄 씻음의 피

루터가 심한 병에 걸렸을 때 악마가 그의 병상으로 들어왔다. 그 악마는 루터를 자신만만하게 바라보았다.
그리고 그 악마는 긴 두루마리를 펼쳐 보였다.
그 두루마리에는 루터 자신이 그 동안 지었던 모든 죄가 낱낱이 적혀있었다. 루터의 가슴은 점점 움츠려들었다.
그때 갑자기 루터의 마음에 한가지 생각이 떠올랐다. 그래서 그는 큰 소리로 "네가 잊은 것이 하나 있다. 그것은 예수 그리스도의 보혈이 우리의 죄를 씻어주셨다는 사실이다"라고 말했다.
루터는 이렇게 말하고 평온을 되찾게 되었다.

08

모든 사람이 죄를 범하였으매 하나님의 영광에 이르지 못하더니 그리스도 예수 안에 있는 속량으로 말미암아 하나님의 은혜로 값 없이 의롭다 하심을 얻은 자 되었느니라 (롬 3:23-24)

For all have sinned and fall short of the glory of God, and all are justified freely by his grace through the redemption that came by Christ Jesus. (Romans 3:23-24)

좌절감

어느 날 마귀가 야시장을 열어 정욕, 기만, 자랑, 시기 등과 같은 도구에 가격표를 붙여 팔았다.

그런데 그 시장에서 가장 비싸게 팔린 것은 '좌절'이었다고 한다. 좌절감은 목표와 욕구가 성취되지 않을 때나 혹은 하기 싫은 일을 강요당할 때 생기는 인간의 감정이다.

그러나 우리가 좌절하게 되는 더 근본적인 이유는 믿음의 방패를 버리고 두려움과 불신앙과 자기연민이라는 창의 공격을 허락했기 때문이다.

마귀는 온갖 수단을 다 동원해도 그리스도인이 자신의 말을 듣지 않을 것을 알고 마지막으로 좌절이란 도구를 쓴다고 한다.

너희는 이 세대를 본받지 말고 오직 마음을 새롭게 함으로 변화를 받아 하나님의 선하시고 기뻐하시고 온전하신 뜻이 무엇인지 분별하도록 하라 (롬 12:2)

Do not conform to the pattern of this world, but be transformed by the renewing of your mind. Then you will be able to test and approve what God's will is - his good, pleasing and perfect will. (Romans 12:2)

행복한 인생

1970년대 중반, 에드 로버츠라는 사람이 세계 최초로 개인용 컴퓨터를 고안해냈다. 빌 게이츠라는 당시 19세의 학생을 고용해 소프트웨어를 만든 것이다. 로버츠는 1977년 컴퓨터 사업을 게이츠에게 팔고 농장을 산 후, 41세의 나이로 의과대학에 입학했다. 현재 게이츠는 세계에서 제일 큰 소프트웨어 회사의 사장으로 가장 돈 많은 부자가 되었다. 로버츠는 조지아 주의 작은 마을의 의사로 일하며 행복한 인생을 살고 있다. 로버츠는 "개인용 컴퓨터를 만든 것이 제가 한 일 중 가장 중요한 것으로 알고들 있지만, 저는 그 일 못지않게 중요한 일이 여기서 매일 환자들과 함께 하는 것이라 생각합니다." 자신에게 맞는 일을 일찍 발견하는 것이 행복한 인생을 사는 길이다. 남이 행복하게 여기는 것이 내게도 행복한 것은 아니다.

09

너희 소유를 팔아 구제하여 낡아지지 아니하는 배낭을 만들라 곧 하늘에 둔 바 다함이 없는 보물이니 거기는 도둑도 가까이 하는 일이 없고 좀도 먹는 일이 없느니라 (눅 12:33)

Sell your possessions and give to the poor. Provide purses for yourselves that will not wear out, a treasure in heaven that will never fail, where no thief comes near and no moth destroys. (Luke 12:33)

믿음이라는 줄

한 소년이 연을 날리고 있었다. 그런데 연이 너무 높이 올라가는 바람에 보이지 않게 되었다. 그러나 소년은 타래에 묶인 실이 곧바로 서 있는 것을 보고 연이 바로 머리 위에 있다는 것을 알 수 있었다. 지나가던 사람이 소년을 쳐다보며 "연이 어디 있는지 안 보이는구나. 너는 아니?"라고 물었다. 소년이 대답했다. "그럼요. 이 줄을 잡아 보세요. 팽팽하잖아요. 연은 보이지 않지만 제 머리 위쪽에서 푸른 하늘을 날고 있어요. 줄을 통해 그것을 알 수 있지요."
우리는 보이지 않지만 우리를 지키시고 복 내려주시는 하나님이 계심을 분명히 안다. 우리의 '연줄'은 믿음이다.

그 이름을 믿으므로 그 이름이 너희가 보고 아는 이 사람을 성하게 하였나니 예수로 말미암아 난 믿음이 너희 모든 사람 앞에서 이같이 완전히 낫게 하였느니라 (행 3:16)

By faith in the name of Jesus, this man whom you see and know was made strong. It is Jesus' name and the faith that comes through him that has completely healed him, as you can all see. (Acts 3:16)

인간이 받은 선물 '지혜'

하나님이 세상을 창조한 후 짐승들에게 선물을 하나씩 주었다.
날짐승은 날개를, 들짐승은 강한 발톱을 주었다.
이를 본 사람은 하나님에게
"왜 저는 아무것도 안 주십니까?"라고 항의했다.
그러자 창조주 하나님은 웃으며
"눈에 보이지 않는 마음으로, 날개 가진 짐승보다 높이 날고 뿔 가진 짐승보다 강한 힘을 발휘할 수 있는 지혜를 주었잖니?"라고 하였다.

내 거룩한 산 모든 곳에서 해 됨도 없고 상함도 없을 것이니 이는 물이 바다를 덮음 같이 여호와를 아는 지식이 세상에 충만할 것임이니라 (사 11:9)

They will neither harm nor destroy on all my holy mountain, for the earth will be filled with the knowledge of the Lord as the waters cover the sea. (Isaiah 11:9)

기도의 기적

일본의 어느 마을에 한 기독교인이 천 그루 정도의 과수를 가꾸고 있었다. 열매가 맺힐 무렵, 이상한 벌레들이 생기기 시작하더니 약을 치고 잡아도 날마다 기승을 부렸다.
이분은 철야기도를 했다. 가족도 다 모여 벌레가 없어지게 해달라고 간절히 기도했다.
그러던 어느 날 새벽.
수백 마리의 이상한 새떼들이 몰려 오더니 한 나무에 하나씩 붙어 한 시간 만에 벌레를 전부 쪼아 먹어버려 나무들이 깨끗해졌다고 한다.
—김준곤 목사의 "기도의 능력"에 대한 칼럼 중 일부.

주여 이제도 그들의 위협함을 굽어보시옵고 또 종들로 하여금 담대히 하나님의 말씀을 전하게 하여 주시오며 손을 내밀어 병을 낫게 하시옵고 표적과 기사가 거룩한 종 예수의 이름으로 이루어지게 하옵소서 하더라 (행 4:29-30)

Now, Lord, consider their threats and enable your servants to speak your word with great boldness. Stretch out your hand to heal and perform signs and wonders through the name of your holy servant Jesus." (Acts 4:29-30)

강도를 만나고도 감사

메튜 헨리(Matthew Henry, 1662-1714, 영국의 설교가/주경 신학자)가 강도들을 만나 지갑을 강탈 당했을 때의 일이다.
그날 저녁 일기장에 다음과 같이 기록하였다.
"하나님 아버지 감사합니다.
첫째, 제가 이제까지 한 번도 강도를 만난 적이 없었음을 감사 드립니다. 둘째, 그들이 제 지갑을 빼앗아 갔으나 목숨을 빼앗아 가지 않음을 감사 드립니다. 셋째, 그들이 제 지갑을 통째로 가져갔으나 그 지갑 안에 많은 돈이 있지 않음을 감사 드립니다. 넷째, 제가 강도를 당한 사람이며, 강도질을 한 사람이 아님을 감사 드립니다."

11

범사에 감사하라 이것이 그리스도 예수 안에서 너희를 향하신 하나님의 뜻이니라 (살전 5:18)

Give thanks in all circumstances; for this is God's will for you in Christ Jesus. (1 Thessalonians 5:18)

지금 사탄이 무엇을 하려 하는가?

어떤 문제가 있든 당신이 화내지 않는다면 사탄은 아무런 힘도 행사할 수 없다. 고요하고 평화로우며 신뢰하는 태도를 잃지 않는 것이 능력이다.
반대로 사탄의 능력은 당신을 동요케 하고 두렵게 만들어서 당신의 힘을 소진하게 한다.
어떤 역경을 겪고 있다면, 단순하게 고요한 평정을 되찾으려 노력해 보라.
혼란스럽고 절망스러운 순간을 맞을 때마다 멈춰 서서 '지금 사탄이 무엇을 하려 하는가?' 하고 스스로 물어 보라.

나를 눈동자 같이 지키시고 주의 날개 그늘 아래에 감추사 내 앞에서 나를 압제하는 악인들과 나의 목숨을 노리는 원수들에게서 벗어나게 하소서 (시 17:8-9)

Keep me as the apple of your eye; hide me in the shadow of your wings from the wicked who are out to destroy me, from my mortal enemies who surround me. (Psalm 17:8-9)

많이 깎인 신앙인

J.F 오벨랑(1740~1826)은 프랑스의 유명한 목사였다. 그는 어느 날 고통을 당한 성도를 찾아가 두 개의 보석을 보여주었다.
"어떻게 보입니까?"
"똑같이 보이는데요."
"얼핏 보기에 크기나 색깔이 같습니다. 그러나 자세히 보면 하나는 좀 흐릿하고 하나는 눈부신 빛을 뿜고 있습니다. 왜 그런 줄 아십니까. 흐릿해 보이는 보석은 8번 깎았지만 광채 나는 보석은 80번 깎았기 때문입니다.
시련은 하나님께서 우리를 깎으시는 과정이지요. 많이 깎인 신앙인은 빛을 발한답니다."

환난의 많은 시련 가운데서 그들의 넘치는 기쁨과 극심한 가난이 그들의 풍성한 연보를 넘치도록 하게 하였느니라 (고후 8:2)

In the midst of a very severe trial, their overflowing joy and their extreme poverty welled up in rich generosity. (2 Corinthians 8:2)

돈만 아는 구두쇠

미국의 어느 마을에서 있었던 일이다. 한 부자 영감이 너무나 지독하게 돈을 아끼고 쓸 줄 몰라서 온 동네 사람들이 입을 모아 '돈만 아는 구두쇠'라고 힐난했다. 노인이 세상을 떠나자 사람들이 이제 그 집 구석구석에서 숨겨둔 돈이 발견되어 나올 것이라고 이야기했다. 그때 마침 근처 은행의 은행장이 알고 있는 사실을 털어놓았다. 그 노인은 살아있는 동안에 자기 은행의 구좌를 가지고 있으면서 여러 가난한 대학생들의 학비를 도와주었다는 것이었다. 이웃에 살던 사람이 고개를 끄덕이며 말했다.

"어쩐지, 그 영감님은 언제나 기쁨이 있고 만족해하는 얼굴이었단 말이야!"

너는 반드시 그에게 줄 것이요, 줄 때에는 아끼는 마음을 품지 말 것이니라 이로 말미암아 네 하나님 여호와께서 네가 하는 모든 일과 네 손이 닿는 모든 일에 네게 복을 주시리라 (신 15:10)

Give generously to them and do so without a grudging heart; then because of this the Lord your God will bless you in all your work and in everything you put your hand to.
(Deuteronomy 15:10)

바꾸어서 생각해 보라

달구지의 바퀴는 맨 처음 나무로 되어 있었다. 그러나 너무 쉽게 닳았다. 그 후 쇠로 만들었지만 이번에는 엉덩이가 너무 아팠다. 그러자 쇠바퀴가 굴러가는 길바닥에 고무를 깔아 보았더니 너무 좋았다. 문제는 길바닥에 고무를 까는 일이었다. 너무 많은 비용과 노동력이 소모되었다. 그때 어떤 사람이 말했다. "길바닥과 바퀴를 서로 바꾸어 보면 어떨까?" "에이, 그건 말도 안돼. 단단한 쇠바퀴도 차의 무게를 견디기 힘든데 물렁물렁한 고무로 어떻게 그것이 가능하겠나? 그건 절대로 불가능한 일이야."
그러나 그 사람은 연구에 연구를 거듭해서 고무속에 바람을 넣은 타이어를 개발해 냈다. −월간목회 2014.9 예화 중에서

13

새 포도주를 낡은 가죽 부대에 넣지 아니하나니 그렇게 하면 부대가 터져 포도주도 쏟아지고 부대도 버리게 됨이라 새 포도주는 새 부대에 넣어야 둘이 다 보전되느니라 (마 9:17)

Neither do men pour new wine into old wineskins. If they do, the skins will burst, the wine will run out and the wineskins will be ruined. No, they pour new wine into new wineskins, and both are preserved." (Matthew 9:17)

보석과 보배

중국 송나라 때 일이다.
어떤 사람이 당시 높은 벼슬에 있는 자한에게 희귀한 보석을 바치고자 하여 감정인을 찾아갔다.
"세상에서 구하기 힘든 진귀한 보석"이라고 감정인은 말했다. 그는 자한에게 가서 보물을 보여주며 감정인의 말을 전했다. 청렴하고 고결한 인품을 지녔던 자한은 이를 거부하며 말했다.
"당신은 보석을 보배로 여기고 있으나 나는 탐내지 않는 마음을 보배로 여기고 있습니다. 내가 이 보석을 받으면 우리 둘 다 보배를 잃어버리는 것이 되지 않겠습니까."

음행과 온갖 더러운 것과 탐욕은 너희 중에서 그 이름조차도 부르지 말라 이는 성도에게 마땅한 바니라 (엡 5:3)

But among you there must not be even a hint of sexual immorality, or of any kind of impurity, or of greed, because these are improper for God's holy people. (Ephesians 5:3)

가구 상점에 내려진 축복

비가 억수같이 쏟아지는 날, 어느 가구점 진열장 밖에서 다리를 저는 할머니 한 분이 상점 물건을 구경하면서 누군가를 기다리고 있었다. 젊은 점원이 뛰어나가 "할머니, 밖에 서 계시지 말고 비도 피하실 겸 들어오셔서 보세요" 라고 했다. "나는 물건을 살 사람이 아닌데"하며 거절하여도 점원은 웃으며 할머니를 안으로 모셔와 앉아서 기다리게 했다. 며칠 후, 이 가구점에 놀랄 만한 편지 한 통이 배달되었다. 그것은 강철 왕 카네기가 보낸 친필 편지였다. "일전에 비 오는 날, 나의 어머니에게 베푸신 친절에 감사 드립니다. 어머니의 요청으로 지금 짓고 있는 저택과 플랜트 회사에서 쓸 가구 일체를 당신의 상점으로부터 구입하고 싶습니다." 이 일이 과연 행운이었을까요? 아니면 따뜻한 마음씨에 대한 하늘의 축복이었을까요?

다만 우리에게 가난한 자들을 기억하도록 부탁하였으니 이것은 나도 본래부터 힘써 행하여 왔노라 (갈 2:10)

All they asked was that we should continue to remember the poor, the very thing I had been eager to do all along. (Galatians 2:10)

어머니의 계산서

아이가 공책에 뭔가 열심히 쓰고 있었다. '우유 받아오기 세 번 300원, 부엌청소 두 번 400원, 마당청소 세 번 600원, 구두 닦기 네 번 800원, 식탁 차리기 네 번 400원, 합계 총 2,500원.' 엄마도 웃으며 청구서를 써 내려갔다. '팔 년 간의 식사제공 0원, 수 없이 많은 설거지와 빨래 0원, 아플 때 병간호 0원, 숙제 도와준 것 0원, 온갖 시중들기 0원, 합계 0원.' "그런데 왜 엄마는 0원이라고 적으셨죠?" "왜냐하면 엄마는 너에게 아무것도 바라지 않고 무엇이든 주고 싶어서 그런거지. 그러나 네가 청구한 2,500원은 주마." 그러자 아이는 엄마를 껴안으며 이렇게 말했다. "아니에요. 엄마, 저도 엄마에게 한 푼도 안 받겠어요."

그가 찔림은 우리의 허물 때문이요 그가 상함은 우리의 죄악 때문이라 그가 징계를 받으므로 우리는 평화를 누리고 그가 채찍에 맞으므로 우리는 나음을 받았도다 (사 53:5)

But he was pierced for our transgressions, he was crushed for our iniquities; the punishment that brought us peace was on him, and by his wounds we are healed. (Isaiah 53:5)

마더 테레사 수녀의 소망

사람들은 불합리하고 비논리적이고 자기중심적이다. 그래도 사랑하라. 당신이 선한 일을 하면 이기적인 동기에서 하는 거라고 비난 받을 것이다. 그래도 좋은 일을 하라. 당신이 성실하면 거짓된 친구들과 참된 적을 만날 것이다. 그래도 사랑하라. 당신이 정직하고 솔직하면 상처받을 것이다. 그래도 정직하고 솔직하라. 당신이 여러 해 동안 만든 것이 하룻밤에 무너질지 모른다. 그래도 만들라. 사람들은 도움이 필요하면서도 도와주면 공격할지 모른다. 그래도 도와줘라. 세상에서 가장 좋은 것을 주면 당신은 발길로 차일 것이다. 그래도 가진 것 중에서 가장 좋은 것을 주라.

이 봉사의 직무가 성도들의 부족한 것을 보충할 뿐 아니라 사람들이 하나님께 드리는 많은 감사로 말미암아 넘쳤느니라 (고후 9:12)

This service that you perform is not only supplying the needs of the Lord's people but is also overflowing in many expressions of thanks to God. (2 Corinthians 9:12)

술집 주인의 믿음

영국의 한 도시에 교회가 있었다.
그 교회 바로 옆에 술집이 생겼다.
예배시간마다 술집에서 떠드는 소리, 음악소리, 술 취한 소리가 교회까지 넘쳐 들어왔다. 교인들은 모두 술집이 나가도록 기도하기 시작했다. 얼마 후, 정말 그 술집은 문을 닫게 되었다.
그러자 술집 주인은 교회를 상대로 손해 배상을 청구했다.
교회 대표로 나온 목사님은 우리가 기도한 것은 사실이지만, 꼭 그것 때문에 술집이 망했겠느냐고 펄쩍 뛰었다.
드디어 판사의 판결이 떨어졌다.
"술집 주인, 믿음 있음. 교회 대표, 믿음 없음."

예수께서 이르시되 너는 나를 본 고로 믿느냐 보지 못하고 믿는 자들은 복되도다 하시니라
(요 20:29)

Then Jesus told him, "Because you have seen me, you have believed; blessed are those who have not seen and yet have believed." (John 20:29)

1미터 더

1849년은 미국의 '골드 러쉬'가 있었던 해다. 서부 캘리포니아에 금광이 있다는 소문이 퍼지면서 많은 사람들이 그리로 몰려갔다. 한 청년이 재산을 정리해 금광을 구입했다. 인부를 채용하고 열심히 굴착을 했다. 그러나 아무리 파도 금이 나오지 않았다. 그래서 포기하고 다른 사람에게 팔아버렸다. 그런데 그 후 인수자가 1미터 더 파 들어가니까 금이 쏟아져 나왔다. 그 청년은 얼마나 억울했을까? 그래도 소용없는 일이다. 그 청년은 그때부터 그 사건을 인생의 큰 교훈으로 삼고 소위 '1미터 더'라는 신념으로 살았다. 때로는 어려움이 있어도 포기하지 않았다. 그는 마침내 크게 성공했고 거부가 되었다고 한다.

인내를 온전히 이루라 이는 너희로 온전하고 구비하여 조금도 부족함이 없게 하려 함이라
(약 1:4)
Let perseverance finish its work so that you may be mature and complete, not lacking anything.
(James 1:4)

따지지 않는 마음

복음서에는 예수님께 칭찬받은 인물이 나온다. 수로보니게 여인, 로마의 백부장 등이다.
그들은 한결같이 이성으로 조목조목 따져 믿은 것이 아니라 전폭적으로 믿어 칭찬을 받은 이들이다.
이에 대해 위대한 설교가 스펄전은 말한다.
"인간이 하나님 앞에서 할 일은 계산적인 믿음이 아니라 절대믿음을 갖는 일이다. 계산은 하나님께서 하신다."
로마 백부장의 위대한 고백을 상기해 본다.
"다만 말씀으로만 하옵소서 그러면 내 하인이 낫겠사옵나이다"(마 8:8).

믿음은 바라는 것들의 실상이요 보이지 않는 것들의 증거니 (히 11:1)

Now faith is confidence in what we hope for and assurance about what we do not see. (Hebrews 11:1)

교회 교사의 성실

1850년 폭풍우가 몰아치는 어느 날, 콜체스터의 한 교회에서 모임이 있었다. 이 날 교회학교의 어느 한 교사는 날씨가 무척 나빴지만 교회에 미리 가서 17명의 제자들을 위해 열정을 다해 복음을 전했다. 그들 중 한명이 이날 복음을 접하고 큰 변화를 받았는데, 그가 바로 1800년대 후반 영국에서 가장 영향력 있는 설교가 스펄전이다.

그 결과 스펄전이 회개하고 그리스도를 영접했고 그의 이름은 오늘날까지 교회사에 찬란하게 빛나고 있는 것이다. '위대한 결실'은 '최선의 성실'에서 비롯된다. 작은 것이라고 소홀히 할 수가 없다.

또 형제들아 너희를 권면하노니 게으른 자들을 권계하며 마음이 약한 자들을 격려하고 힘이 없는 자들을 붙들어 주며 모든 사람에게 오래 참으라 (살전 5:14)

And we urge you, brothers and sisters, warn those who are idle and disruptive, encourage the disheartened, help the weak, be patient with everyone. (1 Thessalonians 5:14)

달리기 인생

오린 엘 크레인의 시 '주여, 서두르지 않게 하소서' 중 일부를 소개한다.

"주여, 나로 하여금 서두르지 않게 하소서. 마음의 평화를 주시사 물결처럼 요동하는 나의 마음을 잔잔하게 하소서. 인생이라고 불리는 달리기 시합에서는 빠른 자가 항상 승리하는 것이 아니라는 것과 빠른 것보다 더 중요한 것이 있다는 사실을 날마다 잊지 않고 기억하게 하소서. 높은 탑과 같이 치솟은 큰 떡갈나무를 보면서 천천히 서두르지 않고 잘 자랐기 때문에 이처럼 크고 튼튼하게 되었다는 사실을 깨닫게 하소서."

주의 교훈으로 나를 인도하시고 후에는 영광으로 나를 영접하시리니 (시 73:24)

You guide me with your counsel, and afterward you will take me into glory. (Psalm 73:24)

복음의 능력

영국의 어느 죄수는 영국과 오스트레일리아에서 40년 간이나 교도소 생활을 하고 가죽 채찍으로 50대씩 여덟 차례나 맞았다. 그러나 그는 전혀 변화되지 않았다. 경찰과 교도소에서도 포기할 정도였다. 그 사람은 40년 만에 출소하여 교회에 속한 어느 숙박시설에서 하룻밤을 지내게 되었다. 그리고 그날 밤 그곳에서 어느 성도의 전도로 그는 예수님을 영접하게 되었고 새사람이 되었다. 그 후 그는 교회에서 18년 간 봉사하며 성실하게 살았다. 그는 이렇게 간증했다. "나는 400번의 가죽 채찍으로나 40년 간의 교도소 생활로도 변화되지 않았지만, 그리스도를 영접하고는 불과 1분 만에 새사람이 되었습니다."

그리스도 예수 안에 있는 속량으로 말미암아 하나님의 은혜로 값 없이 의롭다 하심을 얻은 자 되었느니라 (롬 3:24)

And all are justified freely by his grace through the redemption that came by Christ Jesus. (Romans 3:24)

지혜로운 휴식

나이가 든 남자와 젊은 사내가 나무를 베는 일을 함께 하게 되었다. 이른 아침부터 벌목을 시작한 것이다.

나이가 든 사람은 힘이 들어서 천천히 일을 했다. 50분 일하고는 꼭 10분을 휴식하였다. 그러나 젊은이는 힘이 좋아서인지 쉬지도 않고 부지런히 일을 했다. 오후가 되었다. 두 사람은 잘라낸 나무를 서로 비교했다.

그런데 젊은이는 놀라지 않을 수 없었다. 나이 든 사람이 더 많이 잘랐기 때문이다. 젊은이는 영문을 몰라 이유를 물었다. 나이 든 사람이 말했다.

"휴식도 일이라네! 에너지도 충전하고 톱날도 갈고 말일세!"

여호와의 율법은 완전하여 영혼을 소성시키며 여호와의 증거는 확실하여 우둔한 자를 지혜롭게 하며 (시 19:7)

The law of the Lord is perfect, refreshing the soul. The statutes of the Lord are trustworthy, making wise the simple. (Psalm 19:7)

성공한 사람

누가 성공한 사람일까.
영국의 작가인 로버트 스티븐슨은 다음과 같이 말한다.
"자주 웃고 많이 사랑하는 사람은 성공한 사람이다. 사람들로부터 존경을 받고 자녀들의 사랑을 받는 사람은 성공한 사람이다. 공적을 쌓아 자신에게 맡겨진 일을 마친 사람은 성공한 사람이다. 아름다운 시를 썼다든지 영혼을 구원의 길로 인도했다든지 해서 이전의 세상보다 더 나은 세상을 가꾼 사람은 성공한 사람이다. 다른 사람에게서 가능성을 발견하고 그것을 각자에게 깨우쳐 준 사람은 성공한 사람이다."

여호와는 그들의 힘이시요 그의 기름 부음 받은 자의 구원의 요새이시로다 (시 28:8)

The Lord is the strength of his people, a fortress of salvation for his anointed one. (Psalm 28:8)

들리지 않는 근원적인 소리

세상에는 들리는 소리와 들리지 않는 소리가 있다. 매스컴을 통해 들리는 소리가 "인생의 전부"인 것 같고 시대의 방향인 것 같지만, 사실 삶의 정황을 이끌어가는 것은 이런 표피적인 현상이 아니라 "근원적인 힘"이다.
1930년대 미국에서 경제 대공황의 여파로 사람들이 모두 어렵다고 하고 죽겠다고 할 때 루스벨트 대통령은 "들리지 않는 근원적인 소리"가 있음을 이렇게 강조했다.
"불황보다 더 두려운 존재는 두려움을 갖는 생각이다. 우리가 희망을 이야기한다면 불황이 두렵지 않다."

네 마음의 두려움과 눈이 보는 것으로 말미암아 아침에는 이르기를 아하 저녁이 되었으면 좋겠다 할 것이요 저녁에는 이르기를 아하 아침이 되었으면 좋겠다 하리라 (신 28:67)

In the morning you will say, "If only it were evening!" and in the evening, "If only it were morning!" - because of the terror that will fill your hearts and the sights that your eyes will see. (Deuteronomy 28:67)

잘 흔들어 드십시오

어떤 사람이 고난에 처해, 견디다 못해서 자살을 할까 생각하다가 마지막으로 교회 목사님을 찾아 가기로 했다. 드디어 목사님을 찾아가 "하나님이 사람을 만드셨다고 하는데 왜 하나님은 사람에게 이런 고통을 주시나요?" 하고 따지듯이 물었다. 그러자 목사님은 약국에 가서 병에 든 약을 아무거나 빨리 사오라고 했다. 그 사람이 약을 사오자 목사님이 말했다. "약병 밑에 무어라 씌어 있는지 읽어보십시오." "잘 흔들어서 드십시오." "맞습니다. 인생에 파문이 일어 고난 당하는 것은 하나님의 섭리입니다. 약병을 흔들어 먹는 것은 가라앉은 약효를 확실히 하려고 그러는 것 아닙니까? 잠시만 참으십시오. 하나님이 이제 당신을 축복하실 것입니다."

주께서 너희 마음을 인도하여 하나님의 사랑과 그리스도의 인내에 들어가게 하시기를 원하노라 (살후 3:5)

May the Lord direct your hearts into God's love and Christ's perseverance.
(2 Thessalonians 3:5)

하나님은 지금 어디 계십니까?

수많은 유대인들이 학살당했던 독일의 수용소(아우슈비츠)에서 죽어가던 유대인들이 눈물을 뿌리면서 외친 질문은 이것이다. "하나님 지금 어디 계십니까? 하나님이 왜 이런 사건을 허용하셨는지 모르겠습니다." 그러나 연합군이 이 수용소를 탈환하고 이 수용소의 벽을 검사하다가 한쪽 벽에 써진 찬송가의 가사를 보며 깜짝 놀랐다. 어느 그리스도인이 그의 신앙의 고백으로 기록해 놓았던 구절이었다. '그 크신 하나님의 사랑 말로 다 형용 못하네.' 하나님의 사랑? 이 저주와 이 지옥 같은 수용소에서 하나님의 사랑이라니 웬 말입니까? 그러나 또 다른 곳에서는 이런 글자가 선명하게 써 있었던 것이다. "하나님은 여기에 계십니다(God is here)."

그러므로 내가 그리스도를 위하여 약한 것들과 능욕과 궁핍과 박해와 곤고를 기뻐하노니 이는 내가 약한 그 때에 강함이라 (고후 12:10)

That is why, for Christ's sake, I delight in weaknesses, in insults, in hardships, in persecutions, in difficulties. For when I am weak, then I am strong.
(2 Corinthians 12:10)

모든 것을 가능하게 하시는 하나님

수녀 테레사에 관한 이야기다.
마을에 교회당이 필요한데, 아무도 헌금을 하지 않았다.
테레사는 동전 하나를 주머니에서 꺼내 보이며
"돈은 여기에 있어요." 하고 말했다.
모두가 웃었다.
상식을 벗어난 말이기 때문이다.
그러나 그녀는 "이것은 동전 한 닢입니다. 여기에 하나님의 생각을 보태면 무엇이나 가능합니다."라고 말했다.
마침내 마을 사람들은 용기를 얻고 믿음을 가져 5년 뒤에 교회당을 완공했다.

나의 하나님이 그리스도 예수 안에서 영광 가운데 그 풍성한 대로 너희 모든 쓸 것을 채우시리라 (빌 4:19)

And my God will meet all your needs according to the riches of his glory in Christ Jesus. (Philippians 4:19)

창조적인 선각자

1904년 영국 웨일스에 한 젊은 광부가 있었다. 휴식 시간이 되자 다른 광부들은 담배를 피우며 잡담을 나누었으나 그는 조용히 앉아서 책을 읽었다. 청년의 꿈은 영국을 도덕적 타락으로부터 구해내는 것이었다. 어느날 그는 한 목사님을 찾아가 강연을 하게 해 달라고 간청했다. 목사님이 말했다.
"자네 같은 탄광 노동자의 강연에 과연 누가 귀를 기울이겠는가? 하지만 내가 딱 30분만 강단을 빌려주겠네."
청년은 강단 위에 올라가 말씀을 전했고 그 날 그 목사님을 포함한 17명은 통회의 눈물을 흘렸다. 뿐만아니라 5개월 만에 웨일스 시민 10만 명이 회개했고 2년 만에 2백만 명의 영국인이 회개운동에 참여했다. 이 사람이 바로 '이반 로버츠'다.
-월간목회 2014.9 예화 중에서

하나님을 따라 의와 진리의 거룩함으로 지으심을 받은 새 사람을 입으라 (엡 4:24)

And to put on the new self, created to be like God in true righteousness and holiness. (Ephesians 4:24)

꿈은 끝까지 포기하지 말라

해리포터 시리즈를 쓴 조앤 캐슬링 롤링은 쥐가 들끓는 영국 빈민가의 한 허름한 아파트 좁은 방에서 살고 있던 이혼녀였다.

그녀는 자신의 꿈을 종이에 옮겼다. 어린 시절부터 마음속에 품어왔던 재미있는 이야기를 써 내려갔다. 그녀는 상상력이 매우 풍부했으며 상상 속의 세계를 동경하며 살았다. 그녀는 불행하게 이혼을 하고 어려운 생활을 했지만 눈물 나는 현실 속에서도 그녀를 지켜준 것은 그의 꿈이었다. 꿈을 끝까지 포기하지 않았다. 그녀는 상상 속에 머물던 것들을 해리포터라는 책 속에 담았다. 꿈을 포기하지 않았기에 세계적으로 유명한 작가가 되었던 것이다.

그러므로 너희 담대함을 버리지 말라 이것이 큰 상을 얻게 하느니라 (히 10:35)

So do not throw away your confidence; it will be richly rewarded. (Hebrews 10:35)

무릎을 꿇는 삶

무릎을 꿇고 비석을 다듬는 석공이 있었다. 석공은 매일 땀을 흘리며 비석을 깎고 다듬었다. 그리고 나중엔 그 비석에 명문을 각인했다.

그런데 그 과정을 한 정치인이 바라보고 있었다. 그는 작업을 마무리 하던 석공에게 다가가 이렇게 말했다.

"나도 돌같이 단단한 사람들의 마음을 당신처럼 유연하게 다듬는 기술이 있었으면 좋겠소. 그리고 돌에 명문이 새겨지듯 사람들의 마음과 역사에 내 자신이 새겨졌으면 좋겠소."

그러자 석공은 "선생님도 저처럼 무릎을 꿇고 일하신다면 가능한 일입니다." 라고 대답했다.

누구든지 자기를 높이는 자는 낮아지고 누구든지 자기를 낮추는 자는 높아지리라 (마 23:12)

For those who exalt themselves will be humbled, and those who humble themselves will be exalted. (Matthew 23:12)

그리스도와 동행하는 삶

유명한 복음 전도자였던 존 길모어 목사는 어느 날 작은 마을을 지나다가 주방용품을 팔고 있는 한 노인과 이야기를 나누게 되었다. "안녕하세요? 할아버지, 요즘 장사는 잘 되시는지요?" "예, 그럭저럭 잘 됩니다." "할아버지는 예수님을 믿으십니까?" "물론 믿지요. 예수님을 믿고 구원받는다는 것은 정말 위대한 일인것 같습니다." "그래요, 하지만 그보다 더 위대한 일이 있지요." "그게 뭔데요?" "그건 나를 구원해 준 그분과 동행하는 것이지요." 그렇다. 그리스도인들의 삶은 단지 구원받고 죽어서 천국에 가는 것으로 그치지 않는다. 예수님은 우리가 날마다 예수님과 동행하면서 그 속에서 천국 생활을 미리 누리기를 원하신다.

23

네가 물 가운데로 지날 때에 내가 너와 함께 할 것이라 강을 건널 때에 물이 너를 침몰하지 못할 것이며 네가 불 가운데로 지날 때에 타지도 아니할 것이요 불꽃이 너를 사르지도 못하리니 (사 43:2)

When you pass through the waters, I will be with you; and when you pass through the rivers, they will not sweep over you. When you walk through the fire, you will not be burned; the flames will not set you ablaze. (Isaiah 43:2)

고난이란 학교

성경 다음으로 많이 읽혔다는 〈실락원〉은 52세에 실명한 존 밀턴이 천신만고 끝에 67세의 나이에 완성한 작품이다. 수많은 어린이들에게 꿈과 용기를 준 소설 〈보물섬〉은 저자 로버트 스티븐스가 14년이란 세월 동안 앓아 누운 상태에서 기록한 소설이다. 〈천로역정〉의 저자 존 번연은 젊은 시절, 군대에서 보초를 서다가 급한 용무가 생겨 친구에게 부탁하고 마을에 다녀와 보니 그 친구가 적의 총탄에 맞아 죽어 있었다. 동료의 죽음에 대한 고통을 글로 표현하면서 극복했는데, 그것이 바로 〈천로역정〉이다.

고난이란 학교를 적극적인 자세로 졸업하고 나면 오히려 더 큰 영광이 기다리고 있다.

오히려 너희가 그리스도의 고난에 참여하는 것으로 즐거워하라
이는 그의 영광을 나타내실 때에 너희로 즐거워하고 기뻐하게 하려 함이라 (벧전 4:13)

But rejoice inasmuch as you participate in the sufferings of Christ, so that you may be overjoyed when his glory is revealed. (1 Peter 4:13)

열두 명만 있다면

영국 런던에 위치한 메트로폴리탄 교회는 스펄전 목사님이 목회하던 교회였다.
1866년에 소속 성도가 4천 3백 66명으로 그 당시 세계에서 제일 큰 교회로 알려져 있었다.
하루는 스펄전 목사님이 성도들에게 이런 말을 하였다.
"사랑하는 형제 자매 여러분!
주님을 향해서 가슴이 뜨거운 사람, 열두 명만 있다면 이 런던의 삭막하고 고독한 환경을 기쁨이 충만한 곳으로 바꿀 수 있습니다.
그러나 4천 3백 66명이 있다고 할지라도 전부가 다 미지근한 성도라면 아무것도 할 수가 없을 것입니다."

여호와께서 기드온에게 이르시되 내가 이 물을 핥아 먹은 삼백 명으로 너희를 구원하며 미디안을 네 손에 넘겨 주리니 남은 백성은 각각 자기의 처소로 돌아갈 것이니라 하시니 (삿 7:7)

The Lord said to Gideon, "With the three hundred men that lapped I will save you and give the Midianites into your hands. Let all the others go home." (Judges 7:7)

보청기 목회

미국에서 큰 한인교회를 이끌고 있는 목회자 이야기이다. 이분은 '보청기 목회'로 잘 알려져 있다.
귀가 잘 안 들려 보청기를 끼고 있는데, 다른 사람이 부정적인 말을 할 때나 이웃에 대해 매도할 때 혹은 극한 감정을 표출할 때 슬그머니 자신의 보청기를 귀에서 빼버린다고 한다. 그리고 아무 소리도 안 듣는 가운데 기도에 몰두한다고 한다. 그러면 시간이 지나 '거품현상'이 사라지고 모든 일이 원만하게 해결된다는 것이다.

너는 하나님 앞에서 함부로 입을 열지 말며 급한 마음으로 말을 내지 말라 하나님은 하늘에 계시고 너는 땅에 있음이니라 그런즉 마땅히 말을 적게 할 것이라 (전 5:2)

Do not be quick with your mouth, do not be hasty in your heart to utter anything before God. God is in heaven and you are on earth, so let your words be few. (Ecclesiastes 5:2)

거짓 예언자

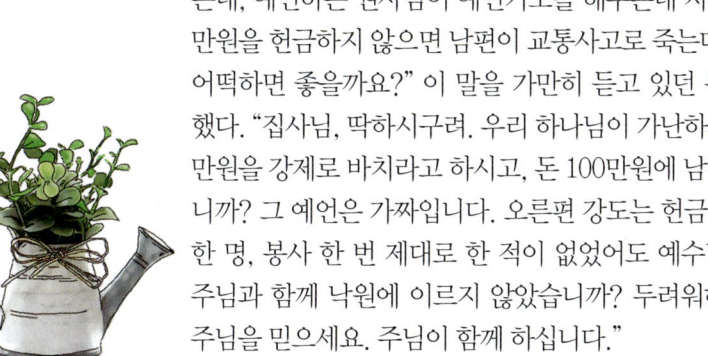

구역예배를 드리고 난 후 집사님 한 분이 걱정스레 이야기를 꺼냈다. "목사님, 지난 수요일에 기도원에 가서 집회에 참석했는데, 예언하는 권사님이 예언기도를 해주는데 저에게 돈 100만원을 헌금하지 않으면 남편이 교통사고로 죽는다고 합니다. 어떡하면 좋을까요?" 이 말을 가만히 듣고 있던 목사님이 말했다. "집사님, 딱하시구려. 우리 하나님이 가난하셔서 돈 100만원을 강제로 바치라고 하시고, 돈 100만원에 남편을 죽이십니까? 그 예언은 가짜입니다. 오른편 강도는 헌금 한 푼, 전도 한 명, 봉사 한 번 제대로 한 적이 없었어도 예수님 영접하니 주님과 함께 낙원에 이르지 않았습니까? 두려워하지 마시고 주님을 믿으세요. 주님이 함께 하십니다."

사람이 의롭게 되는 것은 율법의 행위로 말미암음이 아니요 오직 예수 그리스도를 믿음으로 말미암는 줄 알므로 우리도 그리스도 예수를 믿나니 이는 우리가 율법의 행위로써가 아니고 그리스도를 믿음으로써 의롭다 함을 얻으려 함이라 율법의 행위로써는 의롭다 함을 얻을 육체가 없느니라 (갈 2:16)

know that a person is not justified by the works of the law, but by faith in Jesus Christ. So we, too, have put our faith in Christ Jesus that we may be justified by faith in Christ and not by the works of the law, because by the works of the law no one will be justified. (Galatians 2:16)

습관이 성공을 만든다

의사인 존슨 박사는 늘 바쁜 삶을 살아야 했다.
아침 식사를 하면서 의학 저널과 임상 논문을 읽는 습관을 가졌다.
존스 박사는 이 습관으로 인해 많은 지식을 더 갖추게 되어 뛰어난 의사로 인정받게 되는 계기를 만들었다.
박사의 노력을 모르는 사람은 그냥 뛰어난 사람이라고 생각할 수 있다. 존슨 박사보다 지식이 좋은 의사도 그렇지 못한 의사도 있다.
그러나 존슨 박사는 꾸준한 노력으로 뛰어난 의사가 되었다. 습관이 성공을 만드는 것이다.

부지런한 자의 경영은 풍부함에 이를 것이나 조급한 자는 궁핍함에 이를 따름이니라 (잠 21:5)

The plans of the diligent lead to profit as surely as haste leads to poverty. (Proverbs 21:5)

사후를 약속하는 믿음

체험적인 설교로 유명한 미국의 필립 브룩스 목사는 임종 전 손님들의 방문을 일절 사양했다.
그런데 법률가 잉거솔에게만은 방문을 허락했다.
잉거솔은 감사의 표시를 했다.
그러나 브룩스 목사는 그의 손을 잡고 이렇게 말했다.
"여보게, 다른 사람과는 천국에서 다시 만날 것 같아 따로 만나지 않았지.
그러나 당신과는 아무래도 만나지 못할 것 같아.
믿음을 가지게, 제발."

이는 우리가 믿음으로 행하고 보는 것으로 행하지 아니함이로라 (고후 5:7)

For we live by faith, not by sight. (2 Corinthians 5:7)

자기를 드러내지 않는 것

존 우든(John Wooden)은 미국 농구 역사상 가장 훌륭한 코치라는 평을 받았다.
UCLA 농구팀을 10년간 챔피언의 자리에 머물게 하는 신화를 이룬 명 코치였다.
그가 팀을 훈련할 때 언제나 강조한 한 개의 표어가 있는데 "자기를 드러내지 않는 것"(selflessness)이었다.
자기가 아무리 우수한 개인 기술을 가졌다 하더라도 그것을 과시하려고 하면 팀도 망치고 자기도 망친다.
자기를 드러내지 않는 것이 좋은 선수가 되는 비결이다.

사람이 교만하면 낮아지게 되겠고 마음이 겸손하면 영예를 얻으리라 (잠 29:23)
Pride brings a person low, but the lowly in spirit gain honor. (Proverbs 29:23)

겸손한 수학자

대학에서 수학을 전공한 학생이 오랫만에 여행을 하다가 어느 조그마한 산장에서 어떤 노신사를 만났다. 여러 가지 대화가 오가던 중에 노신사가 이렇게 물었다. "학생은 무얼하고 있소?" "방금 수학을 다 마스터했습니다. 끝을 내버렸습니다." 노인은 한참을 웃었다. 그래서 학생이 반문했다. "선생님은 무얼 하시는 분입니까?" 노신사가 대답했다. "나는 방금 수학 공부하기를 시작했소."

학생은 노신사와 이야기를 하다가 그가 보통 사람이 아님을 느꼈다. 그래서 이름이 무엇이냐고 물었다. 그러자 노신사는 자기 이름이 화이트헤드라고 말했다. 그는 유명한 수학자이며 과학자였던 것이다.

그러므로 누구든지 이 어린 아이와 같이 자기를 낮추는 사람이 천국에서 큰 자니라 (마 18:4)

Therefore, whoever takes the lowly position of this child is the greatest in the kingdom of heaven. (Matthew 18:4)

문 두드리는 예수

홀만 헌트(Holman Hunt)라는 사람이 그린 '문 두드리는 예수님'이라는 그림을 자세히 보면 문이 안으로부터 굳게, 조그만 빈틈도 없이 단단히 잠겨 있는 어떤 집 문 앞에 예수님께서 바싹 다가서서 계신다.

마치 그 모습은 안의 동정이라도 살피기 위해서 온 신경을 거기에 기울이고 계신 것같이 보인다. 그리고 예수님은 그렇게 굳게 닫혀 있는 문을 두드리신다.

그런데 안에서는 아무런 반응도 없어 보인다. 그러나 끈기 있게 문을 열 것을 기다리시며 두드리신다.

문을 자세히 보니까 밖에는 손잡이도 없다. 문을 열고 닫는 것은 문 안에 있는 사람에게 달려있다.

볼지어다 내가 문 밖에 서서 두드리노니 누구든지 내 음성을 듣고 문을 열면 내가 그에게로 들어가 그와 더불어 먹고 그는 나와 더불어 먹으리라 (계 3:20)

Here I am! I stand at the door and knock. If anyone hears my voice and opens the door, I will come in and eat with that person, and they with me. (Revelation 3:20)

빅터 프랭클

2차 대전 중에 유태인 정신과 의사인 빅터 프랭클이라는 사람이 나치의 수용소에서 생활을 했다. 그의 아내는 살해당했고 자녀들도 죽었다. 부모도 학살당했다. 그는 게쉬타포에 체포되어 완전히 나체로 고통을 겪게 되었다. 그는 말했다. "당신들은 내 아내와 아이들을 빼앗을 수도 있고 내 옷과 자유를 빼앗을 수도 있습니다. 그러나 당신들이 빼앗을 수 없는 것이 있습니다. 그것은 바로 내게 일어난 일에 대해 어떻게 반응할 것인가 하는 것입니다." 빅터 프랭클은 가혹한 수용소 생활 속에서 오히려 '로고 테라피'(Logo - Therapy) 라는 개념을 만들어 냈고 이 개념은 많은 사람들에게 희망을 주었다.

28

다만 이뿐 아니라 우리가 환난 중에도 즐거워하나니 이는 환난은 인내를, 인내는 연단을, 연단은 소망을 이루는 줄 앎이로다 (롬 5:3-4)

Not only so, but we also glory in our sufferings, because we know that suffering produces perseverance; perseverance, character; and character, hope. (Romans 5:3-4)

작지만 넘치는 집

미국의 자동차 왕 헨리 포드는 대기업을 일으킨 뒤 고향에 조그마한 집 한 채를 지었다.
대기업 총수가 살기에는 아주 작고 평범한 집이었다.
"이건 너무 초라하지 않느냐. 호화롭지 않더라도 생활이 불편해서야 되겠느냐." 주위 사람들이 걱정스러운 눈빛으로 포드를 바라보았다.
그러자 그는 얼굴 가득 미소를 띠며 대답했다.
"가정은 건물이 아니다.
비록 작고 초라하더라도 예수님의 사랑이 넘치면 그 곳은 위대한 집이다."

너희는 귀를 기울이고 내게로 나아와 들으라 그리하면 너희의 영혼이 살리라 내가 너희를 위하여 영원한 언약을 맺으리니 곧 다윗에게 허락한 확실한 은혜이니라 (사 55:3)

Give ear and come to me; listen, that you may live. I will make an everlasting covenant with you, my faithful love promised to David. (Isaiah 55:3)

좌절은 새로운 출발

좌절은 생의 마감이 아니라 새로운 삶의 출발이 된다.
1664년 아이작 뉴턴의 나이 21세 때 런던에 흑사병이 발생하여 수백 명이 죽어갔다.
이 전염병은 그 이듬해에 더 무섭게 번져 많은 사람들이 시골로 피신하기까지 했다.
뉴턴도 학업 중단이란 절망감을 안고 케임브리지 대학을 떠나 외가인 울스소프라는 작은 마을로 피신했다.
어느 날 오후 점심을 마친 뉴턴은 의자에 앉아 명상을 즐기다 수직으로 떨어지는 사과를 보았다.
만유인력의 법칙은 이렇게 고난의 때에 발견된 것이다.

야베스가 이스라엘 하나님께 아뢰어 이르되 주께서 내게 복을 주시려거든 나의 지역을 넓히시고 주의 손으로 나를 도우사 나로 환난을 벗어나 내게 근심이 없게 하옵소서 하였더니 하나님이 그가 구하는 것을 허락하셨더라 (대상 4:10)

Jabez cried out to the God of Israel, "Oh, that you would bless me and enlarge my territory! Let your hand be with me, and keep me from harm so that I will be free from pain." And God granted his request. (1 Chronicles 4:10)

당신의 신앙의 깊이는?

어느 저녁 무렵, 한 노인과 그의 손자가 호숫가에 앉아 있었다. 그들은 많은 것에 대해 이야기를 나누었다. 가령, 계절은 왜 바뀌며, 여자들은 왜 지렁이를 싫어하며, 인생이란 무엇인가 등등. 마침내 손자가 할아버지를 쳐다보며 물었다. "할아버지, 하나님을 본 사람이 있나요?" 그 노인은 잔잔한 호수 건너편을 바라보며 대답했다. "얘야, 나는 이제 점점 하나님 이외엔 아무 것도 보이지 않는단다." 우리의 하루하루가 바로 이 노인과 같아야 할 것이다. 점점 하나님을 선명하게 바라보며, 숨을 쉬는 것처럼 당연하고 자연스럽게 하나님과 대화하면서 천국 생활을 준비한다면 그보다 행복한 삶은 없을 것이다.

아무 데나 예수께서 들어가시는 지방이나 도시나 마을에서 병자를 시장에 두고 예수께 그의 옷 가에라도 손을 대게 하시기를 간구하니 손을 대는 자는 다 성함을 얻으니라 (막 6:56)

And wherever he went - into villages, towns or countryside - they placed the sick in the marketplaces. They begged him to let them touch even the edge of his cloak, and all who touched it were healed. (Mark 6:56)

마음의 물통

성 프란체스코가 자기 고향에 있을 때, 하루는 자기 집 하인이 우물에서 물을 긷는 것을 보았다. 그 하인은 물통을 내려 물을 가득히 담은 후 끌어올릴 때마다 조그마한 나무토막 하나를 그 물통 안에 던져 넣는 것이었다. 후에 그 이유를 물었더니 이렇게 하면 물이 요동치지 않아 물이 밖으로 흘러 넘치는 것을 최대한 막을 수 있다는 것이었다. 그 설명을 들은 프란체스코는 친구에게 이런 내용의 편지를 썼다. "우리는 얼마나 자주 흔들리는 마음의 물통을 가지고 있는가? 두려움으로 흔들리는 마음, 고통과 절망으로 부서지는 마음, 이것은 마치 심하게 흔들리고 출렁거리는 물통과 같은 것이지. 그러나 거기에 십자가라는 막대기를 던져보게."

네가 부를 때에는 나 여호와가 응답하겠고 네가 부르짖을 때에는 내가 여기 있다 하리라 만일 네가 너희 중에서 멍에와 손가락질과 허망한 말을 제하여 버리고 (사 58:9)

Then you will call, and the Lord will answer; you will cry for help, and he will say: Here am I. "If you do away with the yoke of oppression, with the pointing finger and malicious talk (Isaiah 58:9)

괴짜 임금

영국에 왕관을 쓰지 않은 괴짜 임금이 있었다. 카누트 황제(King Canute, 1014-1035)이다.

신하들이 지나치게 자기를 찬양하는 것이 싫어서 어느 날 왕좌를 해변에 옮기게 했다.

밀물이 들어올 때 "바다여 멈추어라!" 하고 명령했다. 여러 차례 명령했지만 물결은 사정없이 밀려들어 왕좌의 절반까지 들어와 파도에 밀려 임금이 왕좌에서 떨어졌다. 이때 카누트 왕은 "보았느냐? 나는 아무것도 아니다. 권능은 하나님께 있으므로 너희가 의지할 자는 오직 하나님이시다"고 가르치고 그날부터 왕관을 십자가에 달린 예수상에 걸어 놓았다고 한다.

너희는 눈을 높이 들어 누가 이 모든 것을 창조하였나 보라 주께서는 수효대로 만상을 이끌어 내시고 그들의 모든 이름을 부르시나니 그의 권세가 크고 그의 능력이 강하므로 하나도 빠짐이 없느니라 (사 40:26)

Lift up your eyes and look to the heavens: Who created all these? He who brings out the starry host one by one and calls forth each of them by name. Because of his great power and mighty strength, not one of them is missing. (Isaiah 40:26)

쇠고랑 자국

옛날 선교사들은 많은 고생을 했다.
미얀마의 한 선교사는 17개월간 투옥되어 발목에 쇠고랑을 차고 있었다.
석방된 후 다시 전도를 시작했는데 많은 불교도들을 전도할 수 있었다.
그들이 예수를 믿게 된 것은 선교사의 설교 때문이 아니라 발목에 새겨진 쇠고랑 자국 때문이었다.
진리 때문이 아니면 그런 고통을 받을 수 없을 것이라고 생각했기 때문이다.

날마다 우리 짐을 지시는 주 곧 우리의 구원이신 하나님을 찬송할지로다 (셀라) (시 68:19)
Praise be to the Lord, to God our Savior, who daily bears our burdens. (Psalm 68:19)

감사가 없어지지 않는 이유

독실한 신앙을 가진 어느 할머니는 항상 '감사합니다'라는 말을 입에 달고 다녔다. 감사를 너무 잘해서 '감사 할머니'로 통하기도 했다. 한 번은 마을의 짓궂은 노인이 할머니에게 물었다. "할머니, 당신의 자녀가 보증을 잘못 서서 재산을 모두 차압 당하고 알거지가 돼 거리에 내쫓겼다고 합시다. 그래도 감사할 것입니까?" 그러자 할머니는 빙그레 웃으면서 대답했다. "그것은 아주 작은 것입니다. 정말 중요한 것은 모두 그대로 남아 있어요. 하늘과 해와 달과 맑은 공기와 신선한 물과 말할 수 있는 입과 손이 남아 있잖아요. 더욱이 아무도 내게서 천국에 대한 소망을 빼앗아갈 수 없답니다. 천국은 내게 가장 소중한 것입니다."

이기는 자는 이와 같이 흰 옷을 입을 것이요 내가 그 이름을 생명책에서 결코 지우지 아니하고 그 이름을 내 아버지 앞과 그의 천사들 앞에서 시인하리라 (계 3:5)

The one who is victorious will, like them, be dressed in white. I will never blot out the name of that person from the book of life, but will acknowledge that name before my Father and his angels. (Revelation 3:5)

성취는 실천에서 오는 것

빈민가에서 태어나 큰 부자가 된 깁슨에게 사람들이 부자가 된 비결을 물었다.
"술을 안 마시고 고생을 두려워하지 않고 일합니다. 또 하나님을 믿고 의심하지 마세요."
그러자 한 사람이
"그건 누구나 아는 거군요."라고 했다.
깁슨은 웃으며 말했다.
"그렇소.
그러나 당신은 아직 실천하지 못하고 있잖습니까?"

우리가 하나님을 의지하고 용감하게 행하리니 그는 우리의 대적을 밟으실 이심이로다 (시 60:12)

With God we will gain the victory, and he will trample down our enemies. (Psalm 60:12)

인생의 창문

어떤 성도가 목회자를 찾아가 하소연했다.
"하나님은 도무지 제 사정을 모르십니다.
제 인생의 문은 모두 닫혔습니다.
하나님께서 제 사정을 아신다면 어떻게 모든 문을 닫히게 하십니까?"
그러자 목회자는 이렇게 말하며 용기를 주었다.
"이탈리아 속담에 '하나님은 문을 닫으시되 창문은 열어 두신다'라는 말이 있습니다.
형제님, 닫힌 문만 바라보며 절망하지 말고 창문을 유심히 살펴보세요."

여호와여 주는 나의 찬송이시오니 나를 고치소서 그리하시면 내가 낫겠나이다 나를 구원하소서 그리하시면 내가 구원을 얻으리이다 (렘 17:14)

Heal me, Lord, and I will be healed; save me and I will be saved, for you are the one I praise. (Jeremiah 17:14)

겸손은 은총의 보금자리

겸손이란 마음의 고요함이다. 그것은 탐욕이 없는 상태이며 자신에게 일어난 어떤 일에도 놀라지 않는 것이다.
또한 해로운 일에 과민 반응하지 않는 것이며 칭찬을 받거나 멸시를 받아도 동요하지 않는 것이다.
그것은 세상 살아가는 일이 참으로 어렵고 고통스러울 때 조용히 하나님 앞에 무릎 꿇고 기도함으로써 침묵의 바다와도 같은 평화를 얻을 수 있는 마음이다.
사람이 겸손한 마음을 갖는다는 것은 은총의 보금자리에 있다는 뜻이다.

-앤드루 머레이

주 앞에서 낮추라 그리하면 주께서 너희를 높이시리라 (약 4:10)
Humble yourselves before the Lord, and he will lift you up. (James 4:10)

주님만 섬기리

1912년 보스턴의 한 가난한 집에서 태어난 소년이 있었다. 어려운 집안형편 때문에 교육도 제대로 받을 수가 없었다. 그러나 소년은 작은 돈을 벌어 꼬박꼬박 십일조를 드리고 주님을 섬기기로 결심했다. 가난하고 공부도 못했지만 주님만은 섬기고 살겠다고 각오했다. 그러자 하나님께서 그에게 능력을 부어 주셔서 10대에 이미 사업가로서 자질을 보이기 시작했다. 30세에 모빌 런치 서비스라는 회사를 세워서 점심을 안 싸오는 사람들에게 점심을 배달해 주는 회사를 설립했다. 그리고 난 다음에 던킨 도너츠라는 세계적인 도너츠 상표를 개발했다. 그가 바로 던킨 도너츠 창업주인 로젠버그이다.

여호와가 너를 항상 인도하여 메마른 곳에서도 네 영혼을 만족하게 하며 네 뼈를 견고하게 하리니 너는 물 댄 동산 같겠고 물이 끊어지지 아니하는 샘 같을 것이라 (사 58:11)

The Lord will guide you always; he will satisfy your needs in a sun-scorched land and will strengthen your frame. You will be like a well-watered garden, like a spring whose waters never fail. (Isaiah 58:11)

죄인 웹스터

워싱턴에 미국의 유명한 정치인이자 학자, 언론인이었던 다니엘 웹스터라는 사람이 있었다.

그런데 그는 같은 시에 있는 큰 교회에 나가지 않고, 언제나 시골의 작은 교회만 찾아 다녔다고 한다.

어떤 사람이 물었다.

"웹스터씨, 왜 그렇게 하나요?" 웹스터는 이렇게 대답했다.

"나를 아는 새내의 큰 교회에 나가면 목사들이 정치인 웹스터에게 설교를 한단 말입니다. 그런데 나를 모르는 곳에 가면 내게 필요한 소리 '죄인 웹스터가 어떻게 변화 되어야 하는가'를 들려 줍니다.

이것이 제가 듣고 싶은 설교입니다."

너는 진리의 말씀을 옳게 분별하며 부끄러울 것이 없는 일꾼으로 인정된 자로 자신을 하나님 앞에 드리기를 힘쓰라 망령되고 헛된 말을 버리라 그들은 경건하지 아니함에 점점 나아가나니
(딤후 2:15-16)

Do your best to present yourself to God as one approved, a worker who does not need to be ashamed and who correctly handles the word of truth. Avoid godless chatter, because those who indulge in it will become more and more ungodly. (2 Timothy 2:15-16)

믿음과 두려움

무디 부흥사가 한번은 영국에 가서 부흥회를 인도하고 배를 타고 건너오다가 큰 풍랑을 만났다. 모두들 겁을 먹고 잠도 못 자고 불안에 떨고 있었다.

그런데 유독 무디 선생은 쿨쿨 잠을 자니 옆에 있는 사람이 깨웠다. "여보세요, 아니 이렇게 죽음의 경각에 있는데 잠이 옵니까?" 무디 선생은 눈을 비비며 "왜 그러십니까? 큰일이라도 났습니까?" "아 지금 폭풍으로 죽게 됐는데 몰라요?" "예. 난 또 뭐 큰일이나 났다구요, 뭐 걱정입니까? 죽으면 천국 가고요, 살면 미국가고 걱정할 것 없어요." 그리고 다시 잠을 잤다.

주께서 나를 모든 악한 일에서 건져내시고 또 그의 천국에 들어가도록 구원하시리니 그에게 영광이 세세무궁토록 있을지어다 아멘 (딤후 4:18)

The Lord will rescue me from every evil attack and will bring me safely to his heavenly kingdom. To him be glory for ever and ever. Amen. (2 Timothy 4:18)

에디슨의 감사의 조건

에디슨이 청각장애를 앓게 된 것은 소년시절 신문을 팔다 기차에서 떨어졌기 때문이다.

에디슨은 신문을 팔며 기차의 한구석에서 실험을 하곤 했는데 어느 날 기차의 진동으로 실험 약품이 떨어져 불이 났고, 이에 격분한 차장이 에디슨을 떠밀었던 것이다.

후에 에디슨은 "귀가 잘 들리지 않아 연구에 힘들지 않았습니까?"라는 질문을 받고 이렇게 대답했다.

"나는 귀머거리가 된 것을 감사하게 생각합니다. 딴 소리에 신경 쓰지 않고 연구에만 몰두할 수 있었으니까요."

내가 주께 감사하옴은 나를 지으심이 심히 기묘하심이라 주께서 하시는 일이 기이함을 내 영혼이 잘 아나이다 (시 139:14)

I praise you because I am fearfully and wonderfully made; your works are wonderful, I know that full well. (Psalm 139:14)

밝은 분위기

칭찬이 없는 인생은 자신의 장점을 모른다.
칭찬은 건강한 자존감을 세운다.
칭찬은 장점을 알고 집중케 하는 능력이 있다.
칭찬은 밝게 만든다.
자꾸 격려하고 칭찬하면 밝아진다.
칭찬이 있는 인격은 항상 밝다.
밝아야 사람이 모인다.
사람이 모여야 일이 이루어진다.
성도는 빛의 자녀들이다.
칭찬과 격려를 통해서 어두운 분위기를 밝은 분위기로 변화시켜야 한다.

의인의 입은 지혜를 내어도 패역한 혀는 베임을 당할 것이니라 (잠 10:31)

From the mouth of the righteous comes the fruit of wisdom, but a perverse tongue will be silenced. (Proverbs 10:31)

선장의 지혜

미시시피 강을 수십 년간 항해하는 증기선의 선장에게 어떤 승객이 물었다.
"선장님은 이 강의 모래사장이 이 강 속 어디어디에 있는지를 잘 아시겠군요?"
그러자 선장이 뜻밖의 대답을 했다.
"아니요, 나는 그런 곳을 잘 모릅니다.
그것을 알 필요가 없습니다."
승객이 다시 물었다.
"그러면 어떻게 선장님은 항해를 할 수 있습니까?"
선장이 대답했다.
"나는 어디에 깊은 물이 흐르는지를 잘 알고 있습니다."

지혜와 권능이 하나님께 있고 계략과 명철도 그에게 속하였나니 (욥 12:13)

To God belong wisdom and power; counsel and understanding are his. (Job 12:13)

문제는 '나'

상담전문가인 어떤 교수의 고백.
은행에 갈 때마다 인상을 쓰는 여직원이 있었다. 은행 창구에서 그런 분위기를 강하게 느낀 교수는 어느 날 그 여직원에게 화를 내며 "도대체 왜 나만 보면 인상을 쓰나?"라고 짜증을 냈다.
그러자 여직원이 "언제나 선생님이 뭔가 폭발할 것 같은 인상을 쓰며 저를 대하셨어요."라고 대답하는 것이 아닌가. 그제야 교수는 자신의 내면에 쌓였던 문제가 외부로 표출되었다는 것을 깨닫고 사과했다.
문제의 원인 제공자는 '나'일 때가 종종 있다.

너는 네 눈 속에 있는 들보를 보지 못하면서 어찌하여 형제에게 말하기를 형제여 나로 네 눈 속에 있는 티를 빼게 하라 할 수 있느냐 외식하는 자여 먼저 네 눈 속에서 들보를 빼라 그 후에야 네가 밝히 보고 형제의 눈 속에 있는 티를 빼리라 (눅 6:42)

How can you say to your brother, 'Brother, let me take the speck out of your eye,' when you yourself fail to see the plank in your own eye? You hypocrite, first take the plank out of your eye, and then you will see clearly to remove the speck from your brother's eye. (Luke 6:42)

사랑의 기적

볼 수 없고 들을 수 없고 말할 수 없는 삼중 장애를 딛고 저술가로 성공한 헬렌 켈러가 있기까지는 "교육의 힘"이 있었다.

그녀는 평생 두고 잊을 수 없는 은사 앤 설리반 선생에 대해 "내가 만일 눈을 뜬다면 제일 먼저 설리반 선생님을 보고 싶다"며 이렇게 술회했다.

"그 분은 나를 한 인간으로 세우셨다. 그것은 과학의 힘도, 철학의 힘도 아니다. 신념을 위해 자기 생명을 맡긴 사랑이 기적을 만든 것이다. 맡긴다는 것은 사랑이다."

의인의 입술은 여러 사람을 교육하나 미련한 자는 지식이 없어 죽느니라 (잠 10:21)
The lips of the righteous nourish many, but fools die for lack of sense. (Proverbs 10:21)

나는 주님의 것

구세군의 창설자 윌리엄 부스 대장이 죽기 수개월 전, 한 사람이 그를 방문하여 이런 질문을 했다.
"그토록 긴 세월 동안 주님의 종으로서 변함없이 일할 수 있었던 비결이 무엇입니까?"
부스는 조용하게 말했다.
"비결 같은 것은 없습니다. 나는 날마다 하나님께 '나의 모든 것은 주님의 것입니다. 마음대로 써 주십시오.'하고 기도했습니다."
이것이 바로 헌신이다.
나의 시간, 재물, 건강, 재주 등 나의 모든 것을 하나님의 것으로 믿는 것이다.

우리는 그리스도 안에서 그의 은혜의 풍성함을 따라 그의 피로 말미암아 속량 곧 죄 사함을 받았느니라 (엡 1:7)

In him we have redemption through his blood, the forgiveness of sins, in accordance with the riches of God's grace (Ephesians 1:7)

인생을 바꾸는 기도

인생의 황혼기에 있는 노인이 패기만을 앞세운 젊은이에게 이렇게 충고했다.

"내가 젊었을 때는 하나님께 내게 세상을 변화시킬 힘을 달라는 기도를 했지.

인생이 얼마나 덧없는가를 조금씩 깨닫게 되었던 중년에는 가족과 친구들이 나와 함께 평안히 살도록 기도했네.

그러나 인간의 우둔함을 깨달은 지금은 그 무엇보다 나를 변화시켜 달라는 기도를 드리고 있다네.

처음부터 이런 기도를 드렸다면 아마 내 인생은 달라졌을 거야."

모든 기도와 간구를 하되 항상 성령 안에서 기도하고 이를 위하여 깨어 구하기를 항상 힘쓰며 여러 성도를 위하여 구하라 (엡 6:18)

And pray in the Spirit on all occasions with all kinds of prayers and requests. With this in mind, be alert and always keep on praying for all the Lord's people. (Ephesians 6:18)

눈을 연 기도

1534년 영국의 헨리 8세는 종교개혁자이며 성경 번역가인 윌리엄 틴들을 체포, 감옥에 넣었다.
당시 틴들은 헨리 8세의 빗나간 정치행태를 비판하고 있었다. 결국 2년 후 헨리 8세는 틴들을 화형에 처했다.
틴들은 화염이 밑에서부터 치솟아 오를 때 눈을 감고 "주여 왕의 눈을 열어주소서"라는 유명한 기도를 남겼다.
틴들의 순교는 헛되지 않았다.
1637년 영국에서 성경이 인쇄, 보급되어 누구나 성경을 읽을 수 있게 되었다.
그것을 명한 사람은 '뒤늦게 눈을 뜬' 헨리 8세였다.

우리가 아직 죄인 되었을 때에 그리스도께서 우리를 위하여 죽으심으로 하나님께서 우리에 대한 자기의 사랑을 확증하셨느니라 (롬 5:8)

But God demonstrates his own love for us in this: While we were still sinners, Christ died for us. (Romans 5:8)

구원의 역사

인천주안감리교회 국제성서박물관에는 세계적으로 가치 있는 성경 1만여 권이 전시되어 있다.
이 중에는 구관희 집사가 옮겨 쓴 성경도 있는데 그 배경이 감동적이다.
병원에서 위암을 선고받은 구 집사는 후손에게 무엇을 남겨줄까 고민하다가 성경 필사본을 생각했고, 시한부 인생을 성경 옮겨쓰는 일에 전념했다.
그런데 기적이 일어났다.
성경을 옮겨 쓰던 중 하나님의 역사로 위암이 치유 받은 것이다. 그리고 건강하게 필사본 성경을 완성했다.

이 율법책을 네 입에서 떠나지 말게 하며 주야로 그것을 묵상하여 그 안에 기록된 대로 다 지켜 행하라 그리하면 네 길이 평탄하게 될 것이며 네가 형통하리라 (수 1:8)

Keep this Book of the Law always on your lips; meditate on it day and night, so that you may be careful to do everything written in it. Then you will be prosperous and successful. (Joshua 1:8)

학생의 믿음

학교에서 무신론자 교사가 성경을 비방하며
"홍해가 갈라져 히브리 백성들이 바다를 건넜고, 그 바닷물이 다시 합해져서 애굽 군사들이 빠져 죽었다고 하지만, 지질학적으로 그 당시에 홍해 물의 높이는 발목을 찰까 말까 하는 높이였답니다."
그러나 믿음 좋은 학생의 대답으로 선생님은 입을 다물었다.
"그러니까 기적이지요.
그렇게 얕은 물에서도 수많은 애굽 군사들을 빠져 죽게 하셨으니 하나님은 전지전능하시지요."

그러므로 너희가 그리스도 예수를 주로 받았으니 그 안에서 행하되 그 안에 뿌리를 박으며 세움을 받아 교훈을 받은 대로 믿음에 굳게 서서 감사함을 넘치게 하라 (골 2:6-7)

So then, just as you received Christ Jesus as Lord, continue to live your lives in him, rooted and built up in him, strengthened in the faith as you were taught, and overflowing with thankfulness. (Colossians 2:6-7)

걱정할 필요 없는 걱정

기독교출판협의회 회장 여운학 장로의 칼럼집 〈왜 너는 걱정하느냐〉 중의 일부분이다.

"어느 권위 있는 연구조사에 의하면 우리의 걱정 근심 가운데 80퍼센트가 일어날 수 없는 쓸데없는 것이며, 12퍼센트는 자기와 상관없는 일이고, 오직 8퍼센트만이 진정으로 걱정할 만한 것이라고 합니다.

그러나 성경을 보면 나머지 8퍼센트의 걱정 근심도 무익하다고 했습니다.

왜냐하면 이 8퍼센트까지도 하나님께서 대신 맡아주시기 때문입니다. 기도할 수 있는데 왜 걱정하십니까? 기도하는 하루 하루가 되시기 바랍니다. 샬롬."

너희는 무엇을 먹을까 무엇을 마실까 하여 구하지 말며 근심하지도 말라 이 모든 것은 세상 백성들이 구하는 것이라 너희 아버지께서는 이런 것이 너희에게 있어야 할 것을 아시느니라 다만 너희는 그의 나라를 구하라 그리하면 이런 것들을 너희에게 더하시리라 (눅 12:29-31)

And do not set your heart on what you will eat or drink; do not worry about it. For the pagan world runs after all such things, and your Father knows that you need them. But seek his kingdom, and these things will be given to you as well. (Luke 12:29-31)

어려울 때 깨닫는 믿음

19세기 중반 아일랜드 출신의 한 청년이 있었다.
그는 약혼식 전날 마차 전복사고로 약혼녀가 죽는 비극을 맞았다. 낙심한 채 고향으로 돌아갔을 때 어머니가 병들어 있었다.
그러나 그는 "네 짐을 여호와께 맡겨 버리라"(시 5:22)는 말씀에 위로를 얻고 어려운 현실을 극복했다.
이때 그는 크리스천들이 애창하는 찬송가 369장(통 487장) '죄 짐 맡은 우리 구주'를 작사했다.
이 청년의 이름은 스크라이브으로, 그는 평생을 과부와 고아와 병자를 돌보며 지냈다고 한다.

그리스도를 위하여 너희에게 은혜를 주신 것은 다만 그를 믿을 뿐 아니라 또한 그를 위하여 고난도 받게 하심이라 (빌 1:29)

For it has been granted to you on behalf of Christ not only to believe in him, but also to suffer for him (Philippians 1:29)

불신의 병

어떤 나무꾼이 도끼를 잃어버렸다.
기억을 더듬어 아무리 찾아도 도끼는 보이지 않았다.
그런데 이웃집 소년이 수상쩍어 보였다.
어쩌다 눈이 마주쳐도 허둥지둥 달아나는 것 같았고, 무언가 숨기는 듯한 표정이 역력했다.
소년을 범인으로 지목한 다음부터 나무꾼은 기쁨을 잃었다.
자나깨나 소년을 잡을 생각에 늘 초조했다.
그러던 어느 날 헛간에서 도끼를 발견했다.
그제야 얼마 전 도끼를 헛간에 갖다 놓았던 기억이 났다.
그 다음에 소년을 보니 그렇게 천진난만하게 보일 수가 없었다.

41

그 날에 여호와께서 말씀하신 이 산지를 지금 내게 주소서 당신도 그 날에 들으셨거니와 그 곳에는 아낙 사람이 있고 그 성읍들은 크고 견고할지라도 여호와께서 나와 함께 하시면 내가 여호와께서 말씀하신 대로 그들을 쫓아내리이다 하니 (수 14:12)

Now give me this hill country that the Lord promised me that day. You yourself heard then that the Anakites were there and their cities were large and fortified, but, the Lord helping me, I will drive them out just as he said." (Joshua 14:12)

혼자가 아닌 나

나는 혼자가 아니다.
남들은 나의 선택한 길과 다른 길을 걷고 있으나 나는 혼자가 아니다.
남들은 나를 조롱하고 같은 길을 가자고 강요해도 나는 혼자가 아니다.
세상을 향해 "아니오"라고 말하는 것은 결코 손해가 아니다.
친구들이 뜻을 같이 하지 않는다고 불평해도 다른 사람들이 나를 이상한 사람으로 볼지라도 또 내가 이 길에 미혹된 듯이 보여도, 예수님께서 걸어가신 길을 선택하고 있는 이상 나는 혼자가 아니다.

내가 너와 함께 있어 네가 어디로 가든지 너를 지키며 너를 이끌어 이 땅으로 돌아오게 할지라 내가 네게 허락한 것을 다 이루기까지 너를 떠나지 아니하리라 하신지라 (창 28:15)

I am with you and will watch over you wherever you go, and I will bring you back to this land. I will not leave you until I have done what I have promised you." (Genesis 28:15)

한 알의 씨앗이 된 사람

알렌 가디너가 미신을 믿는 티에라 델 푸에고에 선교하러 갔다가 원주민들에 의해 쫓겨났다. 그는 할 수 없이 고국으로 돌아왔지만 그는 다시 선교활동 후원을 요청하고 그 곳에 갔다. 얼마 후 그의 시신이 발견되었는데 그가 죽기 전에 썼던 글도 함께 발견되었다. "나의 작은 배는 내 영혼의 벧엘입니다. 나는 말로 형언할 수 없는 기쁨으로 가득 차 있습니다. 이제 굶어 죽을지도 모릅니다. 그러나 나는 보이지 않는 만나를 먹으며 보이지 않는 생수를 마시고 있습니다. 나는 실망하거나 좌절하지 않을 것입니다. 왜냐하면 나는 한 알의 씨앗이 땅에 떨어져 많은 열매를 맺는다는 주님의 말씀을 믿기 때문입니다."

좋은 땅에 뿌려졌다는 것은 말씀을 듣고 깨닫는 자니 결실하여 어떤 것은 백 배, 어떤 것은 육십 배, 어떤 것은 삼십 배가 되느니라 하시더라 (마 13:23)

But the seed falling on good soil refers to someone who hears the word and understands it. This is the one who produces a crop, yielding a hundred, sixty or thirty times what was sown." (Matthew 13:23)

신실한 기도의 응답

나폴레옹의 군대가 국경을 넘어 진격해 들어올 때, 아이들과 사는 어떤 그리스도인 과부가 군인들이 자기네 집을 괴롭힐까봐 두려워하고 있었다. 그래서 그날 밤 그녀는 가정 제단 앞에서 기도를 드렸다. "오, 하나님. 저희 집을 장벽으로 둘러주시며 저희들을 적군에게서 보호해 주시옵소서." 잠을 자러 가던 아이들이 어머니의 기도를 듣고 "엄마가 하나님께 우리 집을 장벽으로 둘러 달라고 하는 게 무슨 뜻이야?"라고 서로에게 물었다. 아침이 되었을 때 그들은, 밤새 큰 바람과 눈보라가 휘몰아쳐서 집 주위를 감싸고 있었기 때문에 군인들이 그 집이 거기에 있다는 것을 알지도 못한 채 지나갔다는 것을 알게 되었다.

너희가 기도할 때에 무엇이든지 믿고 구하는 것은 다 받으리라 하시니라 (마 21:22)

If you believe, you will receive whatever you ask for in prayer. (Matthew 21:22)

쉴 새 없이

유럽의 어느 유태인 지역에 말하기를 좋아하는 사나이가 살고 있었다. 그는 막힘없이 쉴 새 없이 떠들어 대어 상대방에게는 말할 기회를 주지 않았.
하루는 이 사나이가 이웃 마을의 랍비를 찾아갔다.
"우리 마을의 랍비가 당신 욕을 하던데요."
"천만에! 그럴 리가 없소!" 랍비는 벌떡 일어나며 소리쳤다.
"내 이 귀로 똑똑히 들었단 말이요." 남자도 같이 언성을 높이며 말했다.
"그럴 리가 없소, 당신과 이야기를 할 때 그 랍비에게는 말할 기회가 없었을 테니까요."

말이 많으면 허물을 면하기 어려우나 그 입술을 제어하는 자는 지혜가 있느니라 (잠 10:19)

Sin is not ended by multiplying words, but the prudent hold their tongues. (Proverbs 10:19)

링컨과 구두

어느 날 링컨 대통령이 백악관에서 자신의 구두를 열심히 닦고 있었다.
이를 우연히 본 친구가 깜짝 놀라면서 말했다.
"아니, 대통령이 자기 신발을 닦다니 말이 됩니까?"
이 말을 들은 링컨 대통령은 깜짝 놀라면서 되물었다.
"아니 그럼. 미국 대통령은 남의 신발도 닦아야 됩니까?"

그러므로 하나님의 능하신 손 아래에서 겸손하라 때가 되면 너희를 높이시리라 (벧전 5:6)

Humble yourselves, therefore, under God's mighty hand, that he may lift you up in due time.
(1 Peter 5:6)

구원받을 자격

영국의 빅토리아 여왕은 누구나 잘 알고 있는 유명한 왕인데 그녀는 경건한 기독교 신자이기도 했다. 여왕의 아버지인 켄트 공작도 열렬한 기독교 신자였다.

그가 세상을 떠나게 되었을 때 의사가 공작을 위로하기 위해 그의 위대한 정치상의 공적과 여러 가지로 베푼 선덕 등을 열거하며 공작이 죽은 다음에 틀림없이 구원받을 것이라고 말하자, 공작은 그 의사의 말을 가로막으면서 다음과 같이 말했다.

"내가 구원받는 것은 공작이기 때문이 아니라 죄인이기 때문입니다."

그러므로 너희가 회개하고 돌이켜 너희 죄 없이 함을 받으라 이같이 하면 새롭게 되는 날이 주 앞으로부터 이를 것이요 (행 3:19)

Repent, then, and turn to God, so that your sins may be wiped out, that times of refreshing may come from the Lord. (Acts 3:19)

예배를 소중히 여긴 결과

절친한 친구 둘이 한 대학교 기숙사에서 지냈다. 교회에 나가도 술을 좀 마시는 이들이 어느 날 친구에게 "우리 한 잔 하러 가자"고 했다. 술을 마시러 가는 길에 한 교회 앞을 지나다 보니 부흥회가 열리고 있었다. 한 친구가 "술은 나중에 마시고 먼저 예배 드리자"고 했다. 다른 친구가 "아니야, 먼저 한 잔 하자"고 해서 결국 각자의 길로 갔다. 교회로 간 친구는 은혜를 받고 인생이 새로워졌다. 열심히 살았더니 하나님 은혜로 대통령이 되었다. 그가 미국 22, 24대 대통령을 지낸 '클리브랜드'이다. 한편 그의 친구는 교회보다 술집을 찾고 싸움질을 하다 보니 사람을 죽이고 나중에는 사형 언도를 받고 집행날짜를 기다리는 사형수가 되고 말았다.

오직 우리 주 곧 구주 예수 그리스도의 은혜와 그를 아는 지식에서 자라 가라 영광이 이제와 영원한 날까지 그에게 있을지어다 (벧후 3:18)

But grow in the grace and knowledge of our Lord and Savior Jesus Christ. To him be glory both now and forever! Amen. (2 Peter 3:18)

집념의 열매

어느 영주의 젊은 정원사가 나무로 만들어진 화분에 조각을 하고 있었다.
산책길에 이 모습을 본 영주는 청년에게 "이런 일을 한다고 임금을 더 주는 것도 아닌데 이른 새벽부터 조각하느냐"고 말했다. 청년은 말했다.
"저는 이 정원을 사랑합니다. 정원을 아름답게 가꾸는 것이 저의 직무이므로 보수와 관계없이 기쁘게 일하고 있습니다."
영주는 감동을 받고 그 청년에게 미술공부를 시켰다.
이 청년이 르네상스 시대 최대의 미술가인 미켈란젤로다.

게으른 자의 길은 가시 울타리 같으나 정직한 자의 길은 대로니라 (잠 15:19)

The way of the sluggard is blocked with thorns, but the path of the upright is a highway. (Proverbs 15:19)

성공은 나누는 것이다

잭 월치는 그의 책 〈끝없는 도전과 용기〉에서 이렇게 말하고 있다.

"나는 일인칭을 쓰는 게 정말 싫습니다. 지금까지 내가 이룬 것의 모든 것들은 다른 사람들이 있었기에 가능합니다. 하지만 이런 종류의 책을 쓸 때는 누구나 '우리'를 의미할 때조차 '나'라고 쓰게 됩니다. 독자들은 나의 책에서 '나'라는 단어를 볼 때마다 그것이 내 동료와 친구들을 함께 의미하는 것임을 기억해 주기를 바랍니다."

성공은 혼자 갖는 것이 아니다.
성공은 함께 하는 것이며 나누는 것이다.

그의 형제를 사랑하는 자는 빛 가운데 거하여 자기 속에 거리낌이 없으나 그의 형제를 미워하는 자는 어둠에 있고 또 어둠에 행하며 갈 곳을 알지 못하나니 이는 그 어둠이 그의 눈을 멀게 하였음이라 (요일 2:10-11)

Anyone who loves their brother and sister lives in the light, and there is nothing in them to make them stumble. But anyone who hates a brother or sister is in the darkness and walks around in the darkness. They do not know where they are going, because the darkness has blinded them. (1 John 2:10-11)

제자리걸음

한 나그네가 홀로 사막을 여행하고 있었다. 날이 어두워지기 전에 마을에 도착하거나 마실 물이 있는 오아시스를 발견하지 못하면 영락없이 죽을 형편이었다. 그때 사람의 발자국을 발견하고 안도의 숨을 쉬었다. "이제 살았다. 이 발자국을 따라가면 분명히 마을이 나타날 것이다." 나그네는 발자국을 따라 열심히 걸었다. 그러나 아무리 걸어도 마을과 오아시스는 나타나지 않았다. 밤이 되자 섬뜩한 생각이 들어 발자국을 자세히 들여다보니 지금까지 자신의 발자국을 따라 제자리를 맴돌고 있었던 것이다. 우리의 삶도 제자리를 맴돌고 있지는 않습니까? 우리를 인도하시는 분은 오직 한 분 하나님이십니다.

너희는 여호와를 영원히 신뢰하라 주 여호와는 영원한 반석이심이로다 (사 26:4)
Trust in the Lord forever, for the Lord, the Lord himself, is the Rock eternal. (Isaiah 26:4)

하나님께 집착하게!

적극적인 사고방식을 제창한 노먼 빈센트 필 박사가 후두염에 걸려서 의사인 친구를 찾아갔다.
친구는 그를 가만히 진찰하더니 이렇게 물었다.
"자네, 무슨 걱정되는 일이라도 있는가?"
그는 솔직하게 답변했다.
"목사가 무슨 다른 걱정이 있겠는가. 그저 늘 설교 준비에 대한 걱정으로 가득 차 있지. 이런 걱정이 늘 나를 괴롭힌다네." 그러자 친구 의사는 뜻밖에 이렇게 말했다.
"자네가 가진 문제에 집착하지 말고 하나님께 집착하게나. 그것이 우리의 신앙이 아닌가."

주께서 생명의 길을 내게 보이시리니 주의 앞에는 충만한 기쁨이 있고 주의 오른쪽에는 영원한 즐거움이 있나이다 (시 16:11)

You make known to me the path of life; you will fill me with joy in your presence, with eternal pleasures at your right hand. (Psalm 16:11)

하나님은 화려한 사람을 찾지 않으신다

하나님은 화려한 사람을 찾지 않으신다. 유창한 사람에게 의존하지도 않으신다. 세상에 복음을 전하기 위해 유능한 성도만을 쓰시지도 않으신다.

하나님은 깨어진 사람을 찾으신다. 주님의 십자가의 빛 안에서 자신의 어떠함을 본 사람을 찾으신다. 하나님이 어떤 일을 이루기 원하실 때는, 자기 자신에게는 소망이 없음을 알고 자신을 신뢰하지 않으며, 오직 하나님만을 자기의 자신감으로 삼는 사람을 취하신다.

– 아이런 사이드

피곤한 자에게는 능력을 주시며 무능한 자에게는 힘을 더하시나니 (사 40:29)

He gives strength to the weary and increases the power of the weak. (Isaiah 40:29)

웨슬레의 건강비결

감리교를 창시한 요한 웨슬레는 88세까지 장수했다. 85세 생일 때 주위로부터 건강비결의 질문을 받고 이렇게 대답했다.
"나의 건강 비결은,
첫째는 날마다 운동을 하는 것이고,
둘째는 숙면을 취하는 것입니다. 60년 동안 매일 새벽 4시에 일어나 기도하고 활동함으로써 밤에 숙면을 취할 수 있었습니다.
셋째는 규칙적인 생활을 하는 것입니다. 여행 중에도 규칙적인 생활을 하려고 노력했습니다.
넷째는 슬픔이나 걱정들은 빨리 잊어버리는 것인데, 그렇게 하기 위해 하나님을 끊임없이 의지했습니다."

오직 여호와를 앙망하는 자는 새 힘을 얻으리니 독수리가 날개치며 올라감 같을 것이요 달음박질하여도 곤비하지 아니하겠고 걸어가도 피곤하지 아니하리로다 (사 40:31)
But those who hope in the Lord will renew their strength. They will soar on wings like eagles; they will run and not grow weary, they will walk and not be faint. (Isaiah 40:31)

견고한 터 안에서 기뻐한 노부인

오래 전에 미국 캘리포니아 주에 지진이 일어났을 때였다. 그곳 사람들은 모두 겁에 질려 이리 뛰고 저리 피하고 야단법석이었는데 나이 많은 한 부인 성도는 자기 집에 조용히 남아 있었다고 한다. 지진이 끝난 후 사람들은 그 노부인에게 물었다.

"아니 어떻게 그런 소동 속에서도 의자에 기쁜 얼굴로 앉아 계실 수가 있습니까?" 부인은 대답했다. "나는 내 하나님께서 온 세상을 그토록 흔드시는 능력의 하나님이라는 생각과 그러는 가운데서도 나를 그의 손 안에 안전하게 붙들어 주신다는 생각으로 기쁨에 잠겨 무서워할 겨를이 없었어요." 라고 말하더라는 것이다.

하나님이 우리에게 주신 것은 두려워하는 마음이 아니요 오직 능력과 사랑과 절제하는 마음이니
(딤후 1:7)

For the Spirit God gave us does not make us timid, but gives us power, love and self-discipline.
(2 Timothy 1:7)

하나님의 선물

1875년 오스트리아의 빈에서 한 위대한 바이올리니스트가 된 아이가 태어났다. 글자보다 악보를 먼저 배웠다는 이 아이. 열 살 때 빈 음악원에서 금메달을 받고 열두 살 때 로마 대상을 수상한 이 아이가 바로 그 유명한 바이올리니스트 크라이슬러이다. 크라이슬러는 세계적인 명성을 얻은 후 사람들이 그의 재능을 부러워하고 칭찬할 때마다 이렇게 겸손하게 말했다. "지금의 제가 된 것은 제 능력보다 하나님의 선물입니다. 따라서 저는 하나님을 찬양합니다. 아름답게 노래하는 새들이 그 대가를 요구하는 것을 보셨나요? 저도 마찬가지입니다. 하나님이 주신 이 음악을 제 명예를 위해 사용할 수 없습니다. 저는 하나님을 찬양합니다."

온갖 좋은 은사와 온전한 선물이 다 위로부터 빛들의 아버지께로부터 내려오나니 그는 변함도 없으시고 회전하는 그림자도 없으시니라 (약 1:17)

Every good and perfect gift is from above, coming down from the Father of the heavenly lights, who does not change like shifting shadows. (James 1:17)

내 뒤에는 하나님이 계시니까

어느 날 트루먼 대통령이 기념 도서관에 갔을 때 한 아이가 물었다.
"대통령께서는 어릴 때 인기가 많았었지요?"
"정반대란다. 눈도 나쁘고 겁쟁이였지."
"그런데 어떻게 대통령이 되셨어요?"
그 때 그는 "성경을 믿었지. 그래서 나는 포기하지 않고 끝까지 노력했다. 하나님이 내 등 뒤에 계시니까 말이다." 하며 자기의 등을 보였다.

우리 주 예수 그리스도로 말미암아 우리에게 승리를 주시는 하나님께 감사하노니 (고전 15:57)

But thanks be to God! He gives us the victory through our Lord Jesus Christ.
(1 Corinthians 15:57)

겸손하라

벤자민 플랭클린이 하루는 이웃에 살고 있는 노인의 집에 갔다. 노인을 만난 후에 노인은 집 밖으로 나가는 지름길을 가르쳐 주었다.

그런데 지름길 중간에는 천장보다 낮은 들보가 있었다. 노인은 플랭클린이 머리를 부딪칠까 봐 말했다. "머리를 숙이십시오! 머리를 숙이십시오!" 플랭클린은 '아니! 이 분이 왜 이렇게 하시나?' 하고 생각하는 사이에 머리를 부딪치고 말았다. 이를 본 노인이 말했다. "플랭클린! 이 세상을 살아가면서 머리를 자주 숙이면 숙일수록 그만큼 부딪치는 일이 없을 것일세!"

벤자민 플랭클린은 이 말을 항상 마음에 두고 살았다.

진실로 그는 거만한 자를 비웃으시며 겸손한 자에게 은혜를 베푸시나니 (잠 3:34)

He mocks proud mockers but shows favor to the humble and oppressed. (Proverbs 3:34)